"萌芽成长"系列

小萌芽·悦生长

重庆市江津区东城幼儿园社团活动案例集

刘振敏 ◎ 著

黄河出版传媒集团
阳光出版社

图书在版编目（CIP）数据

小萌芽·悦生长：重庆市江津区东城幼儿园社团活动案例集 / 刘振敏著 . -- 银川：阳光出版社，2024.9. -- ISBN 978-7-5525-7500-2

Ⅰ . G612

中国国家版本馆 CIP 数据核字第 202411EW11 号

小萌芽 · 悦生长 —— 重庆市江津区东城幼儿园社团活动案例集　　刘振敏　著

选题策划	薪火创客
责任编辑	徐文佳
封面设计	童立方
责任印制	岳建宁

黄河出版传媒集团 阳光出版社 出版发行

出 版 人	薛文斌
地　　址	宁夏银川市北京东路139号出版大厦 （750001）
网　　址	http://www.ygchbs.com
网上书店	http://shop129132959.taobao.com
电子信箱	yangguangchubanshe@163.com
邮购电话	0951-5047283
经　　销	全国新华书店
印刷装订	北京中汇数字印刷有限公司
印刷委托书号	（宁）0030599

开　　本	787 mm×1092 mm　1/16
印　　张	26
字　　数	300千字
版　　次	2024年9月第1版
印　　次	2024年9月第1次印刷
书　　号	ISBN 978-7-5525-7500-2
定　　价	99.00元

前言

　　幼儿教育肩负着培养未来社会建设者的重任，它不仅承载着家庭的希望，更是肩负着国家发展的重任。《小萌芽·悦生长——重庆市江津区东城幼儿园社团活动案例集》的编辑出版，正是对这一使命的积极响应。本书旨在通过记录和分享重庆市江津区东城幼儿园在幼儿教育领域的实践与探索，为幼儿教育工作者、家长以及管理者提供一定的经验和启示。

　　本书的创作背景耕植于国家对于幼儿教育的高度重视。《幼儿园教育指导纲要（试行）》和《3~6岁儿童学习与发展指南》等政策性文件，为我们提供了明确的指导方向。重庆市江津区东城幼儿园秉承以儿童为中心，注重幼儿全面发展的教育理念，通过创新教育模式，致力于培养儿童的全面素质和综合能力。本书中的社团活动案例，通过让幼儿参与各种劳动实践，培养了他们的劳动技能，激发了他们的劳动热情，体现了幼儿园对劳动教育的深刻理解和对国家教育政策的积极响应。

　　本书的结构设计旨在清晰地展现幼儿园社团活动的多样性和教育实践的深度，全书分为社团活动案例和教育实践反思两个部分。

　　其中，社团活动案例是本书的核心部分，详细记录了包括茶艺、陶艺和编程等多个社团活动。每个案例都从活动背景、目标、实施过程、参与体验以及教育成效等方面进行了全面描述。这些案例不仅展示了幼儿在各种社团活动中的积极性和创造力，也反映了教师们在教育实践中的智慧和努力。

　　每个社团活动案例后，都有教师对活动实施的反思和总结，教育实践反思分享了教师在实践中遇到的问题、解决方案以及对未来教育实践的思考。这些反思不仅为教育工作者提供了宝贵的经验，也为重庆市江津区东城幼儿园未来的教育活动提供了改进的方向。

　　通过这样的结构安排，本书不仅为读者提供了一个关于幼儿教育实践的全面视角，也为幼儿教育工作者、家长以及管理者提供了丰富的参考和启示。

　　通过本书的编纂，展示了重庆市江津区东城幼儿园对幼儿教育的深刻理解和不懈努力。书中的每一个案例既是对幼儿教育实践的深入探索，也是对国家教育政策的积极响应和实践成果的展示。我们期待本书能够激发更多的讨论和思考，让我们共同推动幼儿教育的进步与创新。

专家序

当我看到《小萌芽·悦生长——重庆市江津区东城幼儿园社团活动案例集》这本书的时候，我的心情变得愉悦而充满期待。作为一名学前教育领域的高校专业老师，我对幼儿园社团活动有着深刻的理解和热爱。因此，我非常荣幸能够为这本书撰写序言。

在今天这个快节奏、高压力的社会中，幼儿如同刚刚破土而出的嫩芽，需要更多的阳光和雨露去滋养他们成长。社团活动，正是一片充满生机与活力的沃土，它能够让幼儿在快乐中探索，在游戏中学习，在合作中成长。

现代教育已经越来越多地意识到，教育不仅仅是知识的传授，更应该是一种全面的、立体的、生动的过程，幼儿园开展的社团活动正是这个过程的具体体现。这本案例集，不仅是对重庆市江津区东城幼儿园社团活动的一次精彩呈现，更是对现代教育理念的一次深刻诠释。

茶艺、陶艺、编程等多样化的社团活动，不仅丰富了幼儿的生活体验，更激发了他们的学习兴趣和创造力。在这些活动中，他们通过亲身实践，感受到了劳动的快乐和团队合作的力量，培养了他们的自信心和责任感。

值得一提的是，重庆市江津区东城幼儿园还巧妙地融入了混龄教育的理念，让不同年龄段的幼儿在相互学习、相互帮助中共同成长，进一步丰富了教育生态。重庆市江津区东城幼儿园的社团活动，不是简单的玩乐，而是一种有目的、有计划、有组织的教育活动。每一个案例都体现了教育者的匠心。在这些案例中，我看到了幼儿习得关键经验的过程，看到了团队合作的智慧，看到了他们在每一次尝试和失败中获得的成长和进步。

这些社团活动的成功开展，离不开重庆市江津区东城幼儿园教育者的辛勤付出和无私奉献。他们用自己的专业素养和教育智慧，为幼儿创造了一个充满乐趣和挑战的学习环境。他们用自己的爱心和耐心，引导幼儿在探索中发现自我，在游戏中认识世界。他们的付出和努力，是这本案例集最宝贵的财富。

此外，我还要特别强调的是，这本案例集不仅是对重庆市江津区东城幼儿园社团活动的一次总结，更是对幼儿教育的一次展望。它告诉我们，幼儿教育应该是一种生动的、有趣的、富有创造力的过程，应该让幼儿在快乐中学习，在游戏中成长。它启发我们，作为教育工作者，应该更加关注幼儿的兴趣和需求，应该更加注重培养他们的全面素质和能力。

最后，我要衷心感谢重庆市江津区东城幼儿园和所有参与社团活动的教师们，是你们让每一株小萌芽都能在这里自由舒展、茁壮成长。你们的无私付出与坚韧努力，如同星辰般永恒，深深镌刻在孩子们纯真的心田，化作最珍贵的回忆，照亮他们前行的人生旅途。愿这本案例集如同一缕清风，为众多教育者和家长带去灵感的芬芳，让他们在育人的道路上更加从容与坚定。愿每一个天使般的孩童，都能在欢乐的阳光下自由翱翔，如同夏花般绚烂，如秋叶般静美。

吕晓

园长序

尊敬的读者们:

 您手中的这本案例集,是我们重庆市江津区东城幼儿园全体师生共同努力的结晶。在这里,我以一名教育工作者的身份,向您介绍这本《小萌芽·悦生长——重庆市江津区东城幼儿园社团活动案例集》的诞生背景和初衷。

 "萌动"一词,源自《礼记》,象征着生命的勃发与自然的和谐。在教育的广阔天地里,我们将其视为幼儿成长的关键,强调顺应儿童天性,激发儿童的潜能。我们相信,每个孩子都是一粒充满可能的种子,只要给予适宜的土壤、阳光和水分,他们就能茁壮成长,绽放出属于自己的光彩。

 在重庆市江津区东城幼儿园,我们致力于为孩子们提供这样一个充满爱与关怀的环境。我们的案例集,正是基于这样的教育理念,记录了他们在茶艺、陶艺、编程等社团活动中的成长点滴。这些活动不仅是幼儿技能学习的平台,更是他们探索世界、认识自我的窗口。

 劳动教育,作为教育体系中的重要组成部分,需要教会孩子们从小尊重劳动、热爱劳动。我们通过一系列精心设计的活动,让他们在动手实践中感受到劳动的价值和乐趣。无论是在宝贝厨房中制作美味佳肴,还是在陶然四季社团中塑造泥土,他们都是在用自己的双手创造着属于自己的作品,体验着劳动带来的成就感。

 在这本案例集的创作过程中,我们得到了诸多家长和社会各界人士的大力支持。在此,我要向他们表达最诚挚的感谢。没有他们的理解和帮助,我们无法完成这项意义非凡的工作。同时,我也要感谢我的同事们,是他们的智慧和汗水,让这本书的内容丰富多彩,充满教育意义。

 在本案例集中,您将看到孩子们在各种社团活动中的笑脸和汗水,感到他们在团队合作中的成长和进步。我们希望通过这些生动的案例,向您展示我们如何引导孩子们在快乐中学习,在劳动中成长。

教育是一项长期而艰巨的任务，它需要我们每个人的共同努力。我们相信，通过这本案例集的分享，能够激发更多教育工作者和家长对幼儿教育的热情和思考。我们期待与您一起，为孩子们的未来播种希望，共同见证他们的成长与蜕变。

　　最后，我诚挚地邀请您翻开这本案例集的每一页，与我们一同走进孩子们的世界，感受他们的悦生长之旅。愿这些真实的故事和案例，能够为您带来启发，为我们的教育事业增添一份力量。

目 录

动感篮球

年级组：中班、大班

　　篮球作为一种具有挑战性和竞争性的球类运动，不仅能促进幼儿的身体健康，还能提高幼儿的意志力和抗挫力。我园一直以"幼儿最喜欢、最感兴趣的学习方式"和"最促进幼儿身体发展的需求"为课程研究的切入点，让篮球运动能更好地提高幼儿身体素质。

活动一：好玩的篮球

活动目标

- 探索篮球的各种玩法，掌握玩球的基本技能。
- 能够一物多玩，体验创造性玩球的乐趣。
- 积极参与集体活动，能和同伴一起合作完成活动。

活动准备

音乐、旗子人手两面、小篮球人手一个。

活动重难点

重点：引导幼儿主动探索篮球的多种玩法，让幼儿自己去尝试玩球并发展幼儿动作协调能力。

难点：通过游戏，培养幼儿的合作精神，发展幼儿的创造力。

活动过程

- 第一次探索：自由玩球，教师巡回指导

自主探索：你们手中都有一个球，现在请你们玩一玩，看哪个小朋友玩的方法最多。

演示评论：哪位小朋友来介绍一下，你有几种玩法？请其他小朋友尝试自己没有玩过的方法。

集中评价：尝试后，请个别幼儿将不同玩法分享给大家，共同请小朋友们试试别人的玩法。

幼儿第二次自由玩球。教师、幼儿尝试合作玩球。

- 学螃蟹走路（夹球侧行）

竞赛形式进行游戏：要求每组第一对幼儿出发，绕过旗子到达起点后，第二组幼儿才能出发，最后一组幼儿把旗子拿回来，最快者为胜。

活动结束，幼师一起做放松运动，整理场地。

活动反思

　　探索篮球的各种玩法，掌握玩球的基本技能。多数幼儿能够一物多玩，体验创造性玩球的乐趣。在教师的组织下，幼儿能积极参与传球活动，能和同伴一起合作完成活动。下一次可开展原地运球。

　　原地运球动作要点：

　　第一步，身体姿势。两脚前后站立，两膝盖微屈，约与肩同宽。非运球的手臂屈肘平抬，肩向前，用以保护球。

　　第二步，手臂动作。五指自然分开，尽量张大控制球面，但必须手心空出，用手指和指根部位控制球。低运球时，主要以腕关节为轴，用手腕和手指的力量运球。高运球时，主要以肘关节为轴，用前臂和手指的力量运球。

　　第三步，球的落点。球的落点在运球手的同侧或前外侧，速度越快落点越靠前，离自身越远。积极防守时，球的落点在体侧或者侧后方，以便保护球。

活动实录图

活动二：原地拍球

活动目标

- 学习原地单手拍球的方法和动作。
- 掌握原地拍球的技能。
- 能在游戏中体验体育活动的乐趣。

活动准备

篮球、录音机、音乐录音带。

活动重难点

重点：原地单手拍球的方法和动作。

难点：上下肢协调能力的培养和提高。

活动过程

- 开始部分

幼儿一对一对开火车走入场地，在轻松的音乐中做照镜子的游戏，以活动身体各部位。

- 基本部分

示范讲解：站在原地，基本站姿站好，双手五指张开，右手放在球的上面，左手放在球的下面托住球，双手托住球持于胸前，做好准备拍球姿势。拍球时体会手指压拨球的感觉，手腕上下用力摇动，每次拍球的高度不要超过胸前，以肚子的高度为宜。同理，左手拍球动作方法一样。

分散练习：教师巡回指导，注意纠正幼儿拍球的方法。

拍球竞赛：幼儿听口令同时开始，口令停止时报出自己的拍球数。请拍得多的幼儿示范，大家观看并为他们数数和鼓掌。

- 结束部分

教师小结，带领幼儿做放松活动。

活动反思

活动中幼儿能灵活协调地进行篮球游戏，在拍球练习中，中班组幼儿多数使用双手拍球，单手拍球不熟悉，但是个别幼儿能做到双手熟练拍球，可适当增加难度；大班组幼儿单手拍球较熟练，可以逐渐增加到双手拍两个球。

活动实录图

活动三：原地左右手交替拍球

活动目标

- 初步掌握原地左右手拍球的方法。
- 能灵敏、协调地左右手交替进行拍球动作练习。
- 能根据指令做相应的动作，具有合作精神和竞争意识。

活动准备

篮球场地、篮球数量与幼儿人数相等。

活动重难点

重点：学习原地左右手拍球的动作要领。

难点：原地左右手拍球时对球的调控能力。

活动过程

- **激趣热身**

列队准备：排四路纵队，闭眼辨别左右手。

复习游戏：花样传接球比赛。

练习：将球绕头、腰、脚部练习（4×8拍）。

- **学习原地左右手拍球**

讲解方法：左手或右手拍球时两脚自然分开，身体向前倾。手腕放松，五指自然分开，力量用在手指和掌根上，判断球的弹起方向和高度。伸肘屈腕、压指力量拍打球的上部。

练习步骤：先做右手拍运球练习，待熟练后进行左手拍运球。老师做示范动作，只要告诉幼儿左右手交换拍即可，动作方法和左右手拍球一样。

- **结束部分**

活动后教师进行小结，幼儿协助教师收回器材。

活动反思

　　幼儿之前练习了篮球操，基本上都会左右交替拍球，可直接进行拍球和绕障碍拍球练习。学习原地左右手拍球是为了发展幼儿左右手的灵敏性和动作的协调性，从而让幼儿掌握左右手拍球。

　　在这节课中幼儿都能积极地配合教师，按教师的要求进行技能学习。拍球是用手指触球而非手心。"拍"运球是掌心要做到空，手指根据球的高度向下弯曲，是靠近手掌的那个关节弯曲，一定要用力弯曲，手指的其他两个关节要保证不弯曲，所有手指一起用力。总之，拍球活动深受幼儿喜爱。

活动实录图

活动四：行进间运球

活动目标

● 在知道原地运球的基础上，了解行进间运球的手法以及发力的方法。

● 知道如何进行熟悉球性练习，以及球性练习的重要性。

● 对篮球运动感兴趣，具有严肃、认真的学习态度，培养不怕困难、团结合作、敢于挑战的意志品质。

活动准备

篮球场地、篮球数量与幼儿人数相等。

活动过程

● 热身活动：徒手操

● 复习原地运球

身体姿势：两脚前后开立，两膝盖微屈，约与肩同宽。非运球手臂屈肘平抬，肩向前，用以保护球。

手臂动作：五指自然分开尽量张大控制球面，但手心必须空出，用手指和指根部位控制球。低运球时，主要以腕关节为轴，用手腕和手指的力量运球；高运球时，主要以肘关节为轴，用前臂和手指的力量运球。

球的落点：无人防守或者消极防守的时候，球的落点在运球手同侧或前外侧，速度越快落点越靠前，离自身越远。积极防守时，球的落点在体侧或者侧后方，以便保护球。

● 学习行进间运球

动作要领：手指分开，手掌空出。运球时手按住拍球的后上方，球的落地点在身体的侧前方，注意上下肢协调用力。

运球游戏：设置起点和终点，将幼儿分成四组，比一比哪一组运球快。

● 放松活动，整理场地

整理运动：进行伸展放松操，教师进行活动小结，收回器材。

活动反思

　　幼儿在知道原地运球的基础上，了解行进间运球的手法以及发力的方法。在篮球的运球练习中，多数幼儿能做到遵守规则，能较快完成运球任务，中班幼儿因为个体差异和年龄特点，要稍慢一些，单手运球较为困难，需要进行多次练习。但幼儿对篮球运动有兴趣，多数幼儿尤其是大班幼儿有认真的学习态度，可以通过这项活动培养他们不怕困难、团结合作、敢于挑战的意志品质。

活动实录图

活动五：绕障碍运球

活动目标

● 初步掌握运球绕杆的方法和技能。

● 有良好的组织纪律观念、竞争意识，以及团队合作、吃苦耐劳的精神。

活动准备

器材：准备篮球若干。

场地准备：行进间运球练习场地、行进间绕障碍物练习场地。

活动重难点

重点：原地运球以及行进间运球。

难点：运球绕障碍物游戏。

活动过程

● 教师示范

热身动作：由教师在场地旁边做示范动作，幼儿围绕篮球场按照教师的动作慢跑三圈。

头顶传接球游戏：由排头第一名幼儿双手持球按顺序从排头传到排尾，然后由排尾幼儿从胯下传回来，反复做两至三轮，过程中如果有幼儿失误把球捡起来继续即可。

徒手操：肩部运动、腹背运动、弓步压腿、手腕踝关节。

● 基本部分

篮球运球教学：原地运球、原地交换运球、行进间单手运球、行进间左右手交替运球。

行进间往返运球游戏：每名幼儿拿一个球，由第一名幼儿行进间运球至球场中间万能点处，再掉头运球回来，后面的幼儿依次跟上，比一比哪个小组的最后一名幼儿最先到达。

行进间绕障碍物运球接力比赛：每组第一名幼儿持球运球绕过对面的障碍物后，继续运球回到起点，将球交给下一名幼儿依次循环，直到最后一名幼儿做完。

● 结束部分

集合队伍，放松深呼吸，整理器材。

活动反思

在实际教学中，教师结合幼儿的年龄特点合理设计教学思路，运用各种方法，激发他们的学习兴趣。活动中多数幼儿都遵守规则，大班幼儿双手运两个球还存在困难，需要多练习；中班组的部分幼儿需要多加引导和鼓励。由于在活动前没有跟幼儿提要求，不能摸锥形桶，所以拍球行进时，个别幼儿喜欢去摸锥形桶。

在活动中幼儿之间互相合作、探究、竞争，对运球的方法有了很大的提高。将技能穿插在游戏中，幼儿的学习积极性很高，既做到了以玩促学、以趣带学，也提高了教学效率。

活动实录图

活动六：抛接球

活动目标

- 在游戏中学习抛和接的技能，初步学会抛接球。
- 发展身体协调性及锻炼手臂的力量。
- 学会与同伴协调合作游戏。

活动准备

篮球若干。

活动过程

- 开始部分

列队准备：带领幼儿由一路纵队站成六路纵队，一起做球操。

热身运动：捧球前、上、侧举等；腰部运动：捧球沿腿下行，然后顺着身体上举，反复；下肢运动：下蹲、跳跃等。

- 基本部分

自由探索：幼儿自由结伴探索球类玩法。球是我们喜欢的玩具，球可以怎样玩呢？你是怎样玩的？请你们介绍自己玩球的方法。

介绍抛接球：我们请两位小朋友分别表演一下他们玩球的方法。（双手托球腹前拿，轻轻向上抛起，看准球的方向，双臂抱住）

幼儿练习抛球：请找一个小朋友一起来玩抛接球吧！（集中指导幼儿抛接球时存在的问题）

- 游戏"抛接球"

玩法一：和好朋友分别站在线两端的点位上玩抛接球。在三分钟内，如果连续抛六个球没有落地，可到教师处领一朵小红花；如果连续抛四个球没有落地，可到教师处领一张贴纸；如果连续抛两个球没有落地，可到教师处领一颗小星星。

玩法二：请三四个幼儿围成一个三角形（或正方形）站好，沿着图形的顶点挨个抛接球，抛球和接球时尽量不要离开点位。

● 结束部分

带领幼儿做放松活动，让幼儿用球在身上滚一滚，按摩身体各部分。

活动反思

　　大班组幼儿基本能完成，中班组幼儿还要练习。可以让中班、大班两名幼儿为一组，面对面抱球站好，同时将球往自己的右前侧着地抛球，然后马上接住对方抛来的球。横向移动拍球时应该间隔两米，第一个八拍一边拍球一边相互交换位置，第二个八拍原地拍球，第三个八拍一边拍球一边回到自己的原位，第四个八拍原地拍球。教师要给幼儿多做几次示范，让他们理解规则后再练习。

活动实录图

活动七：投篮

活动目标

● 学习原地双手胸前投篮、原地跳投的方法，提高投篮的准确性与命中率，发展手眼协调能力。

● 具有自由探索、勇于创新的精神和团结合作的意识，体验与同伴合作游戏的乐趣。

活动准备

小篮球人手一个、高低不同的篮球架、轮胎若干、呼啦圈若干、音乐录音带、录音机。

活动过程

● 热身运动

教师与幼儿一起拿着小篮球进场。在教师的带领下，幼儿拿着小篮球做热身运动。

● 原地双手胸前投篮

示范讲解：双手持球置于胸前，两脚自然站立，两膝微屈。手指自然张开成球状，两个大拇指相对成"八"字形，用力握球，手心自然空出。投篮时，下肢蹬地发力，双臂向前方伸出，把球投向篮筐。

幼儿徒手做原地投篮动作的模仿练习，体会全身的协调配合。两两结伴面对面站好，间距1.5米～2米，进行传有弧度球的练习。

指导重点：投球动作要连贯，两人投篮可逐渐拉长距离，体会改变距离后投篮时蹬腿、伸臂、出球的全身协调用力。

● 原地跳投

示范动作：准备动作与原地双手胸前投篮相同，但在投篮时，两脚迅速蹬地起跳，同时两臂上振，举球跳投到篮筐。

幼儿徒手模仿练习。幼儿结伴站好，两人相距1.5米～2米，持球做原地跳投动作。

指导重点：指导幼儿学习垂直向上起跳，投篮时双脚同时蹬地起跳。两人变换投篮的距离，由近及远，体会根据不同距离应使用不同力量。

● **投篮游戏**

示范指导：指导幼儿把篮球投进高低不一的篮筐里（距篮筐1.5米～2米）。指导幼儿把篮球投进摆成一排的轮胎里。指导幼儿把篮球投进呼啦圈里。

指导重点：用原地双手胸前投篮和原地双手跳投的投篮方法进行投篮游戏，提醒幼儿投篮距离可由近到远。

● **"抢球"游戏**

介绍玩法：集体在固定的场地上进行传球游戏，教师把球传给幼儿，幼儿想办法去抢球，幼儿应尽量不让对方抢到自己的球。持球的幼儿可以运球跑，也可以把球传给同伴。教师与幼儿的球要连续拍，保护好自己的球，适时把球传给同伴。

● **结束活动**

教师与幼儿一起收拾场地，放好篮球，散步回活动室。

● **活动延伸**

1. 请幼儿讨论怎样才能提高自己投篮的准确性。
2. 请幼儿回家后与爸爸妈妈一起搜集有关篮球的知识，并讲给大家听。
3. 请幼儿用绘画的形式描绘自己投篮的样子。

活动反思

大班幼儿多数可以用原地双手胸前投篮和原地双手跳投的投篮方法进行投篮游戏；中班幼儿力气小、球筐高，所以很多人投不进去。下一次可以将幼儿分小组在固定的场地上进行"抢球"游戏。

在这节课中让幼儿学习了原地双手胸前投篮、原地跳投的投篮方法，教师在教学过程中鼓励幼儿相互合作，共同完成任务，不仅提高了幼儿投篮的准确性与命中率，发展了幼儿手眼协调能力，还助于培养他们的团队合作精神。

本次篮球课程在整体上取得了不错的效果，但仍存在一些不足之处。通过反思和改进，相信在后面的篮球课程中会更加完善，为幼儿带来更好地学习体验。注重培养幼儿的篮球兴趣，通过游戏的方式让他们体验篮球的乐趣。

活动实录图

活动八：拍双球

活动目标

- 学习双手运双球，锻炼自己的运球技能。
- 能双手平衡一致地运双球。
- 体验拍双球游戏带来的兴趣。

活动准备

篮球人手两个、欢快的音乐伴奏、篮球场地。

活动过程

- **热身活动**

教师带领幼儿随着欢快的音乐边唱儿歌，边做动作，可重复2～3遍。

小鸟儿，飞啊飞，拍拍翅膀飞啊飞（上肢运动）。

小鸭子，走啊走，摇摇摆摆走啊走（下肢运动）。

小蛇爬，爬啊爬，左扭右扭爬啊爬（腰部运动）。

小象走，走啊走，甩甩鼻子走啊走（腹背运动）。

小马跑，跑啊跑，嗒嗒嗒嗒跑啊跑（跳跃运动）。

- **双手运球**

双手抱双球：教师引导幼儿双手抱球，幼儿沿着篮球场边界按照顺时针走一圈。

左右手交换：教师示范左手抱球右手运球、右手抱球左手运球的交换动作，引导幼儿模仿练习。（教师带领幼儿集体练习，并个别指导）

双手运双球：教师示范徒手运双球动作，引导幼儿模仿教师动作。要求双腿微屈，双手同时用力，将球反弹至胸部高度。教师示范原地双手双运球动作，引导幼儿先模仿练习，然后分散活动。

运球比赛：幼儿分成两人一组，由教师带领幼儿进行比赛，看谁连续拍的球数最多，谁就赢得比赛。

● 放松活动

教师播放舒缓的音乐，引导幼儿按照口令做相应的动作，使自己的身体得到放松。比如相互拍拍肩膀、捶捶后背、拥抱双方。

活动反思

本次活动是为了更好地使幼儿自主创新游戏，提升兴趣，需要教师密切引导。同时，对幼儿游戏的创新，教师既要肯定也要注意引导他们修正完善。幼儿持续练习拍双球会手软，建议加入拍球比赛，两人一组，既可以锻炼幼儿拍球、互相进行经验分享，又能动静交替，大大提高了练习效率。熟练后还可以进行小组练习、小组比赛，体验拍双球游戏带来的兴趣，做到能双手平衡一致地运双球。

活动实录图

活动九：篮球操 1

活动目标

- 学习篮球操的技术动作和要领。
- 能跟随音乐节奏调整队列队形。
- 体验篮球操的节奏感和韵律感。

活动准备

篮球、音响。

活动重难点

掌握标准的技术动作并可以跟随节拍。

活动过程

- **整队集合，热身**

头部运动、肩部运动、扩胸运动、体转运动、腹背运动、弓步压腿、侧步压腿、膝关节活动、脚手腕活动。

- **篮球操**

预备节、左右手拨球、双手拍球、转向拍球、伸展运动（四个八拍）。

- **基本部分**

预备节：双手持球于胸前，两脚跟随节奏做动作，动作做四个八拍。

左右手拨球：右手持球用手腕的力量将球拨给左手，左手接球后用手腕的力量将球拨给右手，动作做四个八拍。

双手拍球：右手两个八拍，左手两个八拍。

转向拍球：前、右、后、左四个方向，每个方向一个八拍。

伸展运动：第一、三个八拍——左脚前点地，双手持球经前向下。第二、四个八拍——右脚前点地，双手持球体前向上举，右脚还原。

活动反思

　　在合作探究部分教师还是没有引导到位,所以感觉幼儿在这个环节有点乱,而且创编出不同花样的幼儿比较少，很多幼儿都只是在模仿教师和其他创造出游戏的幼儿，这个环节教师应该多鼓励幼儿创编。由于早操采取的是篮球操，所以对幼儿来说这并不困难，但是加入了双手拍两个球后，中班的少数幼儿还不会，需要鼓励幼儿练习。

活动实录图

活动十：篮球操2

活动目标

- 能够熟练掌握篮球操的技术动作和要领。
- 能自如地跟随音乐节奏调整队列队形。
- 体验篮球操的节奏感和韵律感。

活动准备

篮球、音响。

活动重难点

掌握标准的技术动作并可以跟随节拍。

活动过程

- 整队集合，清点人数，热身

徒手操 4×8 拍。

头部运动、肩部运动、扩胸运动、体转运动、腹背运动、弓步压腿、侧步压腿、膝关节活动、脚手腕活动。

- 篮球操

（一）复习左右手拨球、双手拍球、转向拍球、伸展运动。

教法：1. 幼儿复习动作。2. 教师根据幼儿练习情况，纠正错误动作。3. 幼儿认真练习，教师对错误动作进行纠正，重视基本姿势的练习。

要求：动作到位。

（二）相互抛接球、横向移动拍球。

相互抛接球：两名幼儿为一组，先面对面抱球站好，同时将球往自己的右前侧着地抛球，然后马上接住对方抛来的球。

横向移动拍球：两名幼儿一组，横向站好间隔2米，第一个八拍一边拍球一边相互交换位置，第二个八拍原地拍球，第三个八拍一边拍球一边回到自己的原位，第四个八拍原地拍球。

教法：1.教师前面领操，喊口令。2.学生按教师示范动作练习。

● 放松活动

带领幼儿做放松活动，让幼儿用球在身上滚一滚，按摩身体各部分，收拾器械。

活动反思

本次活动是为了进一步使幼儿自主创新游戏，提升兴趣。如果幼儿的创新性不强，这时就需要教师引导其他幼儿去理解、尊重、接纳他的创新。但是，教师也不能过多地参与，应给幼儿适度的自由空间，通过与环境材料、同伴以及教师的互动，在情感、态度、能力、知识和技能等方面得到自主发展。

活动实录图

（本课指导教师：周润）

茶韵小筑

年级组：中班、大班

中国是茶的故乡，中国茶道文化历史悠久，需要传承下去。本课程主要采用幼儿较为喜欢的游戏方式来学习茶道文化和茶道的基本礼仪，让幼儿在活动中能够体会到中国茶道文化和茶礼仪的魅力，找到对中国茶道文化的兴趣。

活动一：初识茶礼仪

活动目标

● 知道茶艺活动中的基本坐姿、手姿。

● 了解中国茶道文化。

● 喜欢茶艺。

活动准备

经验准备：了解关于茶的基本知识。

课件准备：茶道礼仪多媒体课件。

活动过程

● 茶道礼仪

坐姿：茶道礼仪中，冲泡过程都是坐在蒲团之上，双腿盘坐。

手势：将男孩与女孩分开。男孩双手握拳，大拇指收回，分放于茶盘的两侧；女孩双手交叠，左手在下，右手在上，放置于茶巾之上。

伸掌礼：用于介绍茶具和奉茶，右手伸直，五指张开，指向所指的物品。

叉手礼：左手紧握右手拇指，左手小指向右手腕，右手四指伸直，左手大拇指向上，平置于胸前，行礼时鞠躬45度。

作揖礼：左手在前，右手在后，五指伸直，双手大拇指向上，平置于胸前，行礼时鞠躬45度。

● 待客敬茶

茶具一定要洁净，摆放整齐、美观。

奉茶一定要双手奉上，手指不触及茶杯边沿。

"酒满敬人，茶满欺人"，说的是给客人斟酒要倒满，敬茶只需要七八分满就可以了。

● 结束部分

请幼儿有序将蒲团放回原来的位置，和教师互相行礼后，有序离开。

活动反思

　　茶道礼仪一直贯穿于整个茶道之中，是茶艺社团的基础课程，茶道礼仪的课程学起来比较枯燥，教师通过采用多种教学手段，让活动变得生动有趣，让幼儿更容易进入学习状态，掌握基本的茶道礼仪。活动结束后，幼儿能向教师行叉手礼或者作揖礼告别，这节课做到了将茶道礼仪融入日常生活之中，具有实用性。

　　但是也存在个别幼儿对茶道礼仪不感兴趣，在活动过程中心不在焉，没有跟着教师的引导进行相关茶道礼仪的学习，在这个方面需要教师多加注意。总体而言，本次活动有助于幼儿修身养性，帮助幼儿养成良好的礼仪习惯。

活动实录图

活动二：识茶具

活动目标

● 认识基本茶具。

● 体验茶艺乐趣。

活动准备

茶具若干套。

活动过程

● 复习导入

教师随机抽取几个大班幼儿提问茶具名称。

● 认识茶具

茶巾：泡茶时使用的毛巾，叠茶巾的时候，将好看的一面放在上面。

茶壶：也叫随手泡。

茶匙：放在随手泡的旁边，代替手来将茶叶拨进茶壶里面。

茶山：用来放置茶匙的物件。

茶荷：因为样子像荷叶，所以叫茶荷，是用来放置茶叶的。

杯托：品茗杯很烫手，需要杯托托住。

● 用伸掌礼介绍茶具

教师示范一次，带领幼儿一起认识茶具。

请幼儿向教师提问，促使幼儿记忆茶具。

所有幼儿再次使用伸掌礼介绍茶具。

● 学习茶俗歌

逐字逐句教授茶俗歌《王婆婆卖茶》，并配上手指操。"王婆婆，在卖茶，三个观音来喝茶。后花园，三匹马，两个孩童打一打。王婆婆，骂一骂，隔壁的幺哥说闲话。"

● 活动延伸

师：今天我们认识了茶具，也学会了茶俗歌，小朋友们现在都是小老师了，回家之后把今天学会的茶俗歌教给爸爸妈妈吧！

活动反思

　　茶艺社团是江津区东城幼儿园的特色之一，社团老师万老师是一位十分优秀的茶艺师，举手投足自带茶韵，对待幼儿也很有耐心，她的活动过程也值得我学习。

　　这次活动我的反思有：

　　1.课件准备充足，使用了舒缓的古风音乐，让活动和音乐完美契合。

　　2.活动的流程舒畅无滞涩感，环环相扣，只是在活动时间上有些失控，最后一个环节预留时间不够，茶俗歌只是让幼儿略微了解了一下，大部分幼儿并没有学会。

　　3.活动的流程有弹性和灵活性，根据情况调整活动，极大契合了幼儿的主体性和年龄特点。

　　总之，在活动开展的时候，教师既可以学到很多的茶艺知识，也可以学到很多有用的教学经验。

活动实录图

活动三：泡茶

活动目标

- 使用茶具泡茶。
- 观察泡茶过程中茶叶的变化。
- 喜欢喝自己泡的茶。

活动准备

经验准备：幼儿基本掌握泡茶的步骤。

物质准备：茶具若干套，茉莉花茶。

活动过程

● 导入新课

谈话导入：市面上非常受欢迎的花茶为茉莉花茶，它既有茶叶的香气也有茉莉花香。

● 泡茶教学

状态准备：入座、行礼。

介绍茶具：使用伸掌礼按照特定顺序介绍茶具。

温壶：将开水冲入空壶之中。

洗杯：将茶壶里的开水倒入公道杯和品茗杯之中，清洗茶杯，清洗之后的水倒掉。

装茶：使用茶匙将茶荷里的茉莉花茶拨入茶壶之中，过程中切忌用手抓。

冲泡：右手提起随手泡，向茶壶中冲入开水，静静等待。

出汤：将茶壶里的茶汤倒入公道杯中，再由公道杯倒入三个品茗杯。

● 活动结束

请幼儿将茶壶里的茶汤和茶叶清理干净，不喝的茶倒进水盂，方便教师进行深层次清理。

活动反思

　　茉莉花茶是市面上最受欢迎的花茶之一，幼儿也有一定的了解，且茉莉花茶的功效很多，更适合幼儿品饮。

　　幼儿对茉莉花茶很感兴趣，但是事物的介入让活动秩序有些混乱，他们太过于兴奋，注意力集中在茉莉花茶上，导致一些幼儿没有听教师的指令。

　　活动的开展中，幼儿兴趣浓厚，注意力高度集中，也没有烫伤事故发生，活动开展得很顺利，幼儿顺利品饮到了自己泡的茶，让他们品尝到成功的滋味，有助于幼儿对茶艺产生浓厚的兴趣，鼓励幼儿继续学习。

活动实录图

活动四：制作奶茶

活动目标

● 认识奶茶、奶茶制作工具、奶茶的材料。
● 理解制作奶茶的步骤要求。

活动准备

制作奶茶的工具和材料：红茶茶叶、牛奶、糖；电茶壶、筛网、奶茶杯。

活动过程

● 导入环节

入室行礼：幼儿有序进入活动室，分男女排队，幼儿和教师互相行礼。

● 操作环节

备具：准备好茶碗、电茶壶、茶杯、红茶、茶巾、茶盂、茶匙、调味品。

洁具：将沸水注入碗中，持碗轻摇，再依次将水倒入杯中，以洁净茶具。

置茶：用茶匙拨取适量的红茶入碗，根据碗的大小，每60毫升水需要茶叶1克。

冲泡：将90～95摄氏度的水冲入茶碗，静置3～5分钟后倒入公道杯中。

分茶：将茶汤倒入茶杯中。

调配：将牛奶、糖加入茶中，调味品的多少根据客人的口味而定，还可以加入一片柠檬和玫瑰花瓣等。

奉茶：双手持杯将茶奉给宾客。

品饮：可以用羹匙调匀茶汤，进而闻香、品赏。

● 活动结束

请幼儿喝光茶杯里的奶茶，收拾干净桌上的点心残渣，行礼离开活动室。

活动反思

　　本次活动的形式为茶话会，活动全程由教师操作，一些小的辅助事项请幼儿进行帮忙。在活动过程中，幼儿兴趣浓厚，他们认真听、认真看、认真学。做出来的成品也比较好，喷香的奶茶让每个幼儿都享有很大的成就感，喝着自己制作的奶茶，每个幼儿脸上都洋溢着幸福的笑容。

　　活动秩序十分良好，无安全事故的发生，电茶壶的使用中教师也格外小心，未让幼儿触碰。让幼儿自己调制奶茶，充分尊重了幼儿的主体性，让幼儿的动手能力和自我意识得到了充分的发展。

活动实录图

活动五：学习茶艺礼仪

活动目标

- 了解中国茶文化，激发民族自豪感。
- 学习茶艺礼仪，仪态端庄。
- 体验泡茶品茶的快乐。
- 掌握一些茶艺的基本知识，引发幼儿学习茶艺的兴趣。

活动准备

茶具 16 套、茉莉花茶。

活动过程

- 导入新课

师：茉莉花茶具有提神醒脑、清热解暑、消食化痰、去腻减肥、清心除烦、解酒醒酒、生津止渴和降火明目的功效。

- 茶艺表演

师：茶有这么多的好处，那你们现在想不想品一品茶呢？

幼：想。

师：今天老师就为大家泡制一杯清香的茉莉花茶。

教师示范茶艺表演，请幼儿先观赏。在茶艺表演中渗透文明礼仪。

茶艺表演内容：使用伸掌礼介绍茶具名称、温杯解盏、泡茶、品茶。

- 幼儿茶艺表演

教师教授奉茶礼。幼儿在老师的带领下，一步步自主操作泡茶、品茶和奉茶，辅助老师巡回指导。

- 复习延伸

复习茶俗歌：请幼儿品茶结束后先收拾自己的茶具，然后带着蒲团到教室后面的宽阔区域复习茶俗歌。

活动延伸：请幼儿回家之后为自己的爸爸妈妈泡一杯茶，消除他们一天的劳累。

活动反思

这一次的活动，活动内容围绕活动目标开展，幼儿在活动中也学到了有益的经验，了解了中国的茶文化，同时也激发了他们的民族自豪感，体验到了泡茶品茶的乐趣。

这次活动我的反思是：

1.教学手段多样，采用了实物教学的方法，极大吸引了幼儿的兴趣和注意力，让幼儿自己动手操作，体验到了泡茶、品茶的乐趣。

2.活动流程十分完整、流畅，环环相扣，一个小时的社团活动时间，幼儿进行了两次茶艺表演，并品茶和奉茶，活动的最后还复习了茶俗歌。

每一次的社团活动都比之前的活动更好，每一次都能总结出不同的经验，然后运用到下一次活动中去，这些经验也同样可以运用到其他活动中。

活动实录图

活动六：我会摆茶具

活动目标

- 认识点茶的基本茶具及其摆放位置。
- 初步认识宋朝点茶。
- 乐于参与点茶，对点茶产生兴趣。

活动准备

点茶茶具 15 套、动画片《宋朝点茶》。

活动过程

- **点名入座**

幼儿有序进入茶艺室，经过教师点名行礼之后自主选择一张茶桌坐下。

- **认识茶具的摆放方式**

茶盘：放在茶桌和茶旗的正中间。

茶碗：茶碗放在茶盘的正中间，有缺口的一面对着自己。

茶山和茶匙：放在右手边，靠近茶盘的位置。

茶洗：放在随手泡的左边，竖立摆放。

水盂：放在茶山和茶洗的中间，靠前一点的位置。

品茗杯：放在茶盘的左手边。

茶巾：将茶巾折叠成正方形，一条线的一边面对自己，两条线的一边面对茶盘。

- **观看演示**

教师播放动画片《宋朝点茶》，让幼儿初步认识宋朝点茶，教师带领幼儿使用伸掌礼逐一介绍茶具。

教师演示宋朝点茶的步骤，幼儿观看。

点茶步骤：温杯解盏—投茶—调膏—注汤击拂—添汤击拂—调细。

- **活动结束**

幼儿整理好茶桌，放置好蒲团，与教师行礼之后有序离开教室。

活动反思

宋朝的点茶是茶艺历史上最复杂也最优雅的一种茶艺。新的茶艺知识的引进，就需要添置新的茶具，本次活动新添加了茶碗、茶洗和茶匙，幼儿都十分感兴趣。为了能尽快使用新的茶具，幼儿十分遵守活动规则，只有个别幼儿摆弄茶洗时，不小心将茶洗弄坏了。

结合本次活动的不足，在下一次的社团活动中，将对不遵守规则的幼儿进行相应的调整，让他们学会适应茶艺社团的活动规则，养成良好的学习习惯。

活动实录图

活动七：初识点茶

活动目标

- 学习茶艺礼仪，了解中国古代和现代礼仪的区别。
- 掌握叠茶巾的基本知识，激发幼儿学习茶艺的兴趣。

活动准备

点茶茶具，叠茶巾视频。

活动过程

- 导入环节

行礼入座：教师组织幼儿排队，队伍排好点名入座，教师组织幼儿按照男女生不同的坐姿和手姿入座。

朗诵古诗：教师请4~6位幼儿进行诗词朗诵《寒夜》："寒夜客来茶当酒，竹炉汤沸火初红。寻常一样窗前月，才有梅花便不同。"

- 学习叠茶巾

教师播放叠茶巾视频，按照步骤教授幼儿。

1.双手拿起茶巾，双面开口朝向左边。

2.左手将茶巾外侧展开，左手食指藏到茶巾里侧，顶住茶巾中间位置。

3.左手食指将茶巾向外翻折，变成双面开口朝向右边。

4.右手捏合茶巾右侧3次。

5.最后将茶巾对折。

- 学习礼仪

学习中国古代和现代礼仪。

学习古代礼仪：1.拱手礼。2.拜礼。

认识现代礼仪：1.握手礼。2.拥抱。

- 活动结束

幼儿与教师相互行礼后有序离开社团教室。

活动反思

　　本次活动主要是复习为主，让幼儿简单复习一下点茶的相关步骤，在复习的基础之上，再一次讲述了一些基本的礼仪，并将中国古代的礼仪和现代的礼仪相比较，让幼儿了解和认识中国古代和现代礼仪的不同。

　　在活动过程中，幼儿对视频内容比较感兴趣，对点茶有了更进一步的认识和巩固，但是在活动过程中，也存在个别幼儿不遵守活动规则，甚至出现一点破坏行为。比如在教师进行活动的时候，部分幼儿感到无聊就去抠蒲团，活动结束后，教师发现多个蒲团已经被抠坏了。

　　鉴于这样的现象和行为，必须在下一次活动开始之前，告诉幼儿遵守规则，保护蒲团，并提出相应的惩罚措施，才能让幼儿更好地开展活动。

活动实录图

活动八：抹茶

活动目标

- 学习抹茶的制作方法。
- 喜欢抹茶，对点茶产生兴趣。
- 品尝抹茶，感受抹茶的滋味。

活动准备

点茶茶具 16 套、茶粉、烧水壶。

活动过程

- 导入环节

行礼入座：教师组织幼儿排队，队伍排好点名入座，教师组织幼儿按照男女生不同的坐姿和手姿入座。

古筝静心：静心听古筝，静心时间 3～5 分钟。

- 教师点茶表演

温盏洗杯：

1. 茶洗放入茶碗之中，用随手泡画圆圈注入温水，击拂茶洗 3～5 次，拿出茶洗，茶洗在茶碗上抖动两下后放回原位。

2. 端起茶碗，逆时针洗杯，洗杯的水倒入水盂之中。

3. 打开茶巾，用干净的一面擦拭茶碗里的水。

- 抹茶制作

备具洁器：将茶碗、茶洗用温水洁净，摆置抹茶基本茶席。

投茶注水：抹茶倒入茶碗，将温水注入茶碗。

调膏加水：用茶洗在碗中搅动，使抹茶与水融合，称为调膏。

击拂抹茶：继续加水，点打茶汤，直到茶沫起。

奉茶敬客：点茶完成后，双手捧起茶碗，品饮或者将抹茶奉给客人。

- 活动延伸

请幼儿回家后自己制作抹茶给爸爸妈妈喝。

活动反思

　　前几次的社团活动一直停留于表演，幼儿对真正的点茶还没有实践上的了解，在本次活动过程中，幼儿真的见到并品尝了抹茶的滋味。

　　在品尝的过程中，幼儿十分开心，对点茶产生了极大的兴趣。茶艺活动本就是比较高雅的活动，偶尔给幼儿一点实践操作，更可以激发他们的兴趣。

　　但是在幼儿动手操作的培养上略有欠缺，教师应多给幼儿亲自动手的机会，即便制作抹茶过程中，会出现危险、弄脏环境，教师都应该适当放手让幼儿操作，让幼儿体验自己动手的乐趣。

活动实录图

活动九：我会点茶

活动目标

● 采用正确的步骤进行点茶。

● 学会品茶，体会点茶的快乐。

活动准备

点茶茶具16套、温水、大麦粉。

活动过程

● 导入环节

行礼入座：幼儿进入茶艺室后，与教师相互行礼，行礼过后自行找一个位置按照标准坐姿坐下来。

复习宝塔诗：请2~3名幼儿背诵宝塔诗《茶》，幼儿集体背诵宝塔诗《茶》2~3遍。

师：小朋友们，我们已经学习了宝塔诗，你们记住了吗？现在老师想请几位小朋友来尝试背诵一下宝塔诗《茶》。

"茶。香叶，嫩芽。

慕诗客，爱僧家。

碾雕白玉，罗织红纱。

铫煎黄蕊色，碗转曲尘花。

夜后邀陪明月，晨前独对朝霞。

洗尽古今人不倦，将知醉后岂堪夸。"

● 学习点茶步骤

整理茶具：教师组织幼儿有序领取茶洗。

师：小朋友们，你们的桌子上少了什么茶具？你们发现了吗？

教师引导幼儿整理茶具，将随手泡、茶山、茶匙、茶洗、水盂、茶巾、茶盒、茶盘、茶碗放在相应的位置，并调整茶具之间的距离。

1.茶盘：放在茶桌和茶旗的正中间。

2.茶碗：茶碗放在茶盘的正中间，有缺口的一面对着自己。

3.茶山和茶匙：放在右手边，靠近茶盘的位置。

4.茶洗：放在随手泡的左边，竖立摆放。

5.水盂：放在茶山和茶洗的中间，靠前一点的位置。

6.茶盒：茶桌上只留下一个品茗杯，品茗杯充当茶盒，放在茶盘左手边。

7.茶巾：茶巾折叠成正方形，一条线的一边面对自己，两条线的一边面对茶盘。

点茶学习：教师演示点茶，幼儿观摩学习。

1.入座后行礼。

2.温盏洗杯。

（1）茶洗放入茶碗之中，用随手泡画圆圈注入温水，击拂茶洗3~5次，拿出茶洗，茶洗在茶碗上抖动两下后放回原位。

（2）端起茶碗，逆时针洗杯，洗杯的水倒入水盂之中。

（3）打开茶巾，用干净的一面擦拭茶碗里的水。

3.投入茶粉，茶匙在茶碗上抖动几下，让茶匙上不残留茶粉。

4.击拂茶粉，分两次加入少量的水，进行击拂，让茶汤绵密。

5.品茶，端起茶碗，有缺口的一面对准自己，进行品茶。

6.谢礼。

教师带领幼儿练习点茶表演 1 ~ 2 遍。请幼儿使用大麦粉进行点茶，教师带领幼儿一同点茶。

● 活动结束

组织幼儿行礼后有序离开茶艺室。

活动反思

本次活动开展比较顺利，幼儿对点茶都十分感兴趣，但是在技能上不熟练，在用茶洗击拂茶汤的时候很多幼儿都用力过猛，把茶汤击拂到茶碗之外，茶席上小部分被茶汤弄湿。

但是在这次活动中幼儿知道了如何采用正确的步骤进行点茶，同时学会了品茶和体会了点茶的快乐，让他们对中国的茶文化产生浓厚的兴趣。

茶艺活动是比较高雅的活动，偶尔给幼儿一点实践操作，掌握一些茶艺的基本知识，可以引发幼儿学习茶艺的兴趣。

基于本次活动中发生的事件，在下一次的活动中，教师可以尽量一对一进行讲授，提醒幼儿采用正确的方式使用茶洗击拂茶汤。击拂茶汤的同时，应提醒幼儿注意桌面的卫生，不用茶洗在茶碗以外的地方进行擦拭，避免弄坏茶洗，也可以帮助幼儿养成爱护公物的良好习惯。

活动实录图

活动十：点茶品茶

活动目标

- 采用正确的步骤进行点茶。
- 学会品茶，体会点茶的快乐。
- 对点茶产生兴趣，喜欢点茶。

活动准备

茶碗、茶洗、茶巾 16 份，温水、大麦粉、茶点（小蛋糕）16 份。

活动过程

- 复习导入

行礼入座：幼儿进入茶艺室后，与教师相互行礼，行礼过后自行找一个位置按照标准坐姿坐下来。

回忆茶俗歌《王婆婆卖茶》：幼儿回忆朗读茶俗歌《王婆婆卖茶》，并作出相应手指动作。

回忆古诗《寒夜》：教师引导幼儿回忆并朗诵古诗《寒夜》。

回忆宝塔诗《茶》：请 2~3 名幼儿背诵宝塔诗《茶》。幼儿集体背诵宝塔诗《茶》2~3 遍。

- 观察点茶步骤

介绍茶具：按照从左到右的顺序介绍茶桌上的茶具，顺序为：随手泡、茶洗、茶山、茶匙、茶盒、茶碗、茶巾。

点茶演示：教师演示点茶，幼儿观摩学习。

入座后行礼，温盏洗杯。投入茶粉，茶匙在茶碗上抖动几下，让茶匙上不残留茶粉。击拂茶粉，分两次加入少量的水，进行击拂，让茶汤绵密。品茶，端起茶碗，有缺口的一面对准自己，进行品茶。谢礼。

仿宋点茶：教师带领幼儿一同点茶。幼儿点茶成功后，进行品茶活动。

- 活动结束

组织幼儿行礼后有序离开茶艺室。

活动反思

　　本学期最后一次社团活动，教师和幼儿都十分重视，在活动的设置和场景的布置上相对于之前的活动都有一些改变，茶桌的摆放让点茶的仪式感满满。

　　本次活动开展较为顺利，幼儿都非常认真和投入，点茶的样子十分专注，但是仍然存在极个别幼儿在点茶的同时注意力不够集中，在击拂茶汤的时候没有注意到细节，绿色的茶粉滴落在茶旗上，难以清洗。

　　针对幼儿容易把茶汤击拂出茶碗，弄脏茶旗的情况，教师应在下一次的活动中多加引导，让幼儿养成注意细节的好习惯。

活动实录图

（本课指导老师：刘华梅）

编程机器人

年级组：中班、大班

随着科技的进步，编程机器人作为一种具有创新性和趣味性的科技教育方式，被广泛应用到幼儿园教育当中。在接触编程机器人活动中能够培养幼儿的创造力和思维能力，同时能够提升幼儿各方面的综合素质。

活动一：初识机器人

活动目标

● 能根据引导从积木材料中找到对应积木并尝试搭建 Botzee 机器人，在搭建的过程中熟悉积木材料。

● 喜欢摆弄活动材料，初步培养对机器人学习的兴趣。

活动准备

葡萄智能积木编程套装、Botzee 机器人（教师用）。

活动过程

● 初识教师和操作材料

教师自我介绍与材料介绍：教师用 1~2 句话简单介绍自己和活动内容。例如我是刘老师，这是我的机器人好朋友"Botzee"，很高兴在接下来的活动里和大家一起度过。

认识机器人结构：教师展示已经搭建好的 Botzee 机器人，介绍搭建机器人的材料，请幼儿也尝试搭建一个一样的机器人。

● 搭建机器人

熟悉操作材料：1.交代游戏规则，并分发材料。2.介绍讲解材料名称，提醒材料功能。

搭建 Botzee 机器人：1.教师引导幼儿进行机器人搭建。2.逐步指导幼儿根据零件清单找到对应的零件，逐步进行搭建。3.搭建过程中碰到问题时，可以和同伴讨论解决，比如：找不到对应的积木、搭建位置找不准等。

● 机器人大讨论

说一说自己知道的机器人：请幼儿讨论并说一说自己知道哪些类型的机器人，这些机器人分别有什么特殊的能力。比如奥特曼有很强的能量，可以变身打怪兽；有的机器人可以跳舞、踢足球、表演音乐等。

活动反思

大多数幼儿是第一次接触编程机器人，所以他们对活动表现出了极大的兴趣，全程都很兴奋，也就造成幼儿比较容易躁动，在掀起一阵小高潮后很难快速安静下来，所以应该尽量安排平稳一点的游戏，减少幼儿的兴奋时间。

活动中，熟悉 Botzee 编程、机器人搭建花了较长时间。因为幼儿不能沉浸下来认真寻找零件，总是在不停地寻求教师的帮助，所以秩序比较混乱。但总体而言，大部分幼儿能在教师的引导下积极讨论、初步了解机器人零件。

活动实录图

活动二：平板开机与机器人连接

活动目标

● 能够在引导下正确打开和连接设备。

● 了解指令的概念及 APP 中指令的分类。

● 通过人机互动小游戏激发对机器人的好奇心和兴趣。

活动准备

平板电脑（葡萄儿童编程 APP），葡萄智能积木编程套装，Botzee 机器人（教师用），预设程序（用于导入部分）。

活动过程

● 机器人你好

打招呼：教师向幼儿介绍机器人 Botzee，请两位幼儿上台向 Botzee 挥手打招呼，看看 Botzee 的反应。

让 Botzee 听到声音后表演：教师请全班保持安静，请幼儿一起拍拍手欢迎 Botzee，看看 Botzee 的反应。

● 学习使用平板电脑操控指令

了解编程社区：

1.思考机器人为什么会动。教师引导幼儿思考，刚刚在跟 Botzee 招手打招呼的时候，Botzee 也会跟大家打招呼。拍拍手，Botzee 就会跳舞。这些是如何做到的。

2.探索平板的秘密。教师展示平板电脑，告诉幼儿秘密其实都在老师的平板上，引导幼儿看投影。

3.教师介绍编程区域，引导发现界面左边的区域是编程指令区。每个指令小队长点开后都会有很多对应的指令，中间的区域是编程区域，把一串串指令连接在绿色的小旗子下面，右下角的三角形图标代表的是运行程序，点击它程序就开始运行了。右上角的蝴蝶标志就是蓝牙连接。

4.教师演示操作。请幼儿在 Botzee 面前挥手，观察 Botzee 的反应。

尝试使用平板电脑：

1.开机与连接。

（1）引导幼儿打开 Botzee 机器人的开关。长按开关机键 3 秒。

（2）打开葡萄编程 APP。请幼儿找到对应 APP 的图标，再点击编程机器人图标，然后点击"+"号，进入编程社区。

2.设备连接。

在编程社区的右上角找到蝴蝶标志的蓝牙，点击蓝牙并进行连接，看到连接音响的提示页面直接点击关闭。

3.拖动与删除指令。

（1）教师演示如何编辑指令。教师以运动小队长中的直行指令为例，演示如何拖动指令到编辑区，并点击三角形图标运行程序。

（2）教师演示如何删除指令。按住要删除的指令后，左边的指令区会出现红色的垃圾桶，把指令拖动进去即可。

4.教师请幼儿练习基础操作。

尝试拖动直行指令并连接到小旗子下面，点击三角形图标运行，然后再删除指令。

5.断开蓝牙及平板关机。

请幼儿在编程社区的右上角找到蝴蝶标志的蓝牙，点击蓝牙断开连接，看到蝴蝶标志变灰则长按开关机键 3 秒关闭平板电脑。

● 重复开关机与连接平板操作

1.幼儿自由练习开关机与连接机器人。

2.教师巡视，帮助存在困难的幼儿巩固操作。

● 活动总结

教师与幼儿共同回顾本次活动的内容和学到的本领，如设备怎么开机与连接、怎么拖动与删除指令。活动结束后，引导幼儿关闭机器人开关，按规定放好设备，整理好积木并放入收纳箱。

活动反思

本次活动中对机器人编程进行复习操作连接步骤，大部分幼儿已经能熟练掌握操作方法，个别幼儿还存在操作的困难，需在后面的活动中练习强化，增强能力。

请幼儿与机器人打招呼互动时，极大地引起了幼儿的兴趣。最后让幼儿进行实际操作练习，让自己的机器人与平板电脑连接，选择指令让机器人动起来，大部分幼儿都能成功，个别出现将机器人与他人平板电脑连接的情况需老师帮助。

这次社团活动中主要是为了让幼儿能够在引导下正确打开和连接设备，了解指令的概念及APP中指令的分类，同时也能够通过小游戏激发幼儿对机器人的好奇心和兴趣。

活动实录图

活动三：勇往直前

活动目标

- 认识直行指令，初步学会设置步数、距离和速度参数。
- 能根据要求，自由调节直行指令的参数，完成特定任务。
- 初步体验编程活动，感受不同参数对机器人的影响，培养设置参数的兴趣。

活动准备

平板电脑（葡萄儿童编程 APP）、葡萄智能积木编程套装、图片、任务卡。

活动过程

- 游戏导入：我们都是机器人

带领幼儿玩指令游戏，通过游戏理解指令：教师带领幼儿一起玩指令游戏。请幼儿变身"机器人"，根据老师要求，作出相应的动作。

指令游戏内容：我是小小机器人，我会拍拍手；我是小小机器人，我会跺跺脚；我是小小机器人，我会扭扭腰；我是小小机器人，我会坐坐好。

- 直行指令探索

准备工作：1.教师发放设备（平板电脑和主控模块）。2.引导回顾如何将平板电脑和编程机器人连接起来。

尝试调整直行指令的参数：1.教师引导幼儿观察发现直行指令里面的秘密。2.猜测指令打开后各个图标的含义。3.幼儿动手操作，体验探究各个图标的含义。

- 任务挑战赛

任务 1：让 Botzee 前进 68cm，速度为 3。

任务 2：让机器人前进 3.5s，速度为 1。

任务 3：用两种方法让机器人前进 5 步。

活动反思

本次活动重点放在探索直行指令，并初步学会设置参数（距离和速度）。大部分幼儿能够根据操作提示找到程序框，并且根据需要设置自己想要的参数，但实际操作中，部分幼儿对于参数意义的理解还不够具体化，按要求设置参数还有些困难。比如，在需要前进多少厘米或者前进几步的时候，幼儿的转换不流畅，需要教师引导。个别接受力弱的幼儿，在设置程序时不敢大胆尝试，需要教师刻意关注与鼓励，提升自信心。

教师在教学过程中，可以在幼儿自行探索之前，先提出具体的要求，让幼儿带着问题进行操作与思考，会更有教学效果。

活动实录图

活动四：机器人，撤退

活动目标

● 认识后退指令，初步学会设置步数、距离和速度参数。

● 能根据任务要求，自由调节参数，完成特定任务。

● 进一步对参数设置产生兴趣，愿意大胆尝试参与挑战。

活动准备

平板电脑（葡萄儿童编程 APP）、葡萄智能积木编程套装、图片、任务卡。

活动过程

● 游戏导入：做相反游戏

教师和幼儿玩相反游戏：教师带领幼儿一起玩指令游戏，要求幼儿根据教师要求，作出相反的动作。

指令游戏内容：后退—前进—前进—后退（前进—后退—后退—前进）。

● 后退指令探索

准备工作：1.教师发放设备（平板电脑和主控模块）。2.引导回顾如何将平板和编程机器人连接起来。

探索后退指令：1.幼儿熟悉并回顾指令的连接方式及程序的运行方式。2.引导幼儿自己在 APP 中找到后退指令，并自由尝试后退指令。

初步尝试设置后退指令的参数：1.请幼儿思考，让机器人连续后退几步应该怎么办。2.请幼儿思考，让机器人后退指定的距离应该怎么办。3.请幼儿思考，让机器人后退指定的时间应该怎么办。4.请幼儿思考，让机器人快速后退应该怎么办。

● 任务挑战赛

任务 1：用两种程序让 Botzee 后退 60cm。

任务 2：规定起点和终点，请幼儿自由调节参数，让 Botzee 快速地从起点后退到终点。

活动反思

　　探索后退指令的含义，并初步学会设置参数（距离和速度）。由于已经有了设置前进指令的经验，设置后退指令时就比较易于操作。活动一开始，幼儿熟悉并回顾指令的连接方式及程序的运行方式，观察后退指令关于距离和速度的参数设置界面，请幼儿在不调整第二根滑动条的基础上初步尝试调节第一根滑动条，并观察 Botzee 机器人对应的动作。

　　由于先前经验的铺垫，幼儿能快速上手，可以多进行之前操作的复习与今后操作的延伸，以丰富活动内容。

活动实录图

活动五：流逝的时间

活动目标

- 初步感知时间的概念，并能够区分时间的长和短。
- 学会设置时间和速度，知道两者对 Botzee 运动的影响。
- 通过让 Botzee 完成指定的任务，体验编程的乐趣。

活动准备

平板电脑（葡萄儿童编程 APP）、葡萄智能积木编程套装、图片、任务卡。

活动过程

- 活动导入

播放两段钢琴的声音：教师播放两段不同长度的钢琴声音，询问幼儿是什么声音，哪个长，哪个短。

明确时间长短的概念：教师告诉幼儿今天的活动和时间的长短有关，需要幼儿思考时间对机器人运动的影响。

- 探索时间与机器人运动的关系

活动前准备：1.教师发放设备（平板电脑和主控模块）。2.回顾如何将平板电脑和编程机器人连接起来。

复习回顾已经学过的指令：回顾并点开直行后退指令，思考框内各种图标的作用。通过游戏探索感知速度、时间与机器人行动距离的关系。

幼儿自行探索后退指令：1.探索不同时间对机器人后退距离的影响。2.探索不同速度对机器人后退距离的影响。3.请幼儿小结。

- 任务挑战赛

请幼儿尝试挑战以下任务：教师指定一定长度的道路，请幼儿设置直行的时间和速度让 Botzee 从起点走到终点。

活动反思

　　本次活动主要是通过指令探索感知速度、时间和距离的关系，闹钟的标志表示时间，保持速度不变，越往右拖动滚动条，Botzee 前进的时间越长，Botzee 前进得越远。

　　幼儿在感知教师示范操作时体验感不是很强，只有个别幼儿能够知道其中的原理。在幼儿根据教师指示操作指令时，幼儿自己观察时能明显感觉出其中的规律变化，情绪变得特别兴奋。在给出指定长度的道路，请幼儿设置直行的时间和速度让 Botzee 从起点走到终点的指令中，幼儿比较耐心，多次进行数据的调节去让 Botzee 完成指令。

活动实录图

活动六：移动任务挑战赛

活动目标

- 复习前进、后退指令，掌握指令的参数设置。
- 能够运用积木材料搭建螃蟹，并运用前进、后退指令让搭建的螃蟹横向走路。
- 通过编程活动联系实际生活，在活动中感受大自然的神奇。

活动准备

平板电脑（葡萄儿童编程APP）、葡萄智能积木编程套装、图片、任务卡。

活动过程

- 活动导入

复习前进、后退指令：引导幼儿回顾前进、后退指令中，有哪些不同的参数可以进行设置。

教师引出本次活动任务：请幼儿根据螃蟹的构造，搭建螃蟹，并运用前进和后退指令，调整合适的参数，让螃蟹横着走动。

- 任务探索

形象建构：教师引导幼儿观察图片，初步感知螃蟹的结构。

搭建螃蟹：让螃蟹动起来需要用到主控，引导幼儿思考怎么样是横着走的动作。请幼儿尝试蟹钳的搭建，分享并改进搭建思路。

展示与完善：教师请先完成螃蟹搭建的幼儿分享自己的作品并完善。

- 展示提升

教师选取部分作品进行展示，说一说搭建的设计思路和程序的设置思路，并演示效果。最后请幼儿交流与分享。

- 收拾整理

活动结束后，引导幼儿把机器人开关关掉，把设备按规定放好，把积木整理好放到收纳箱。

活动反思

　　本次活动主要围绕横着走路的螃蟹进行展开，幼儿通过发挥自己的想象力，通过葡萄智能积木编程套装搭建一只螃蟹，同时结合编程，让螃蟹能够横着走动。

　　大班幼儿已经对螃蟹有所认知，能够讲述螃蟹的外形特点，在进行搭建时每个幼儿都怕自己没有跟着教师的操作而漏掉步骤。但就现阶段而言，参照实物自己搭建是不行的，教师还是需要带动幼儿发展创造性思维。

活动实录图

活动七：向左转，向右转

活动目标

● 认识左转、右转指令（角度），理解它们的含义。

● 初步尝试运用指令让 Botzee 作出左转、右转、调头、转圈的动作。

● 在让 Botzee 完成带有弯道的任务过程中，感受编程的丰富乐趣。

活动准备

平板电脑（葡萄儿童编程 APP）、葡萄智能积木编程套装、图片、任务卡。

活动过程

● 任务导入

分清左和右的身体游戏：教师请幼儿根据指令指一指自己的五官，如左眼、右耳、踩左脚，用右手摸右耳等。在此过程中教师要掌握游戏的节奏，及时纠正指错的幼儿。

教师介绍新指令：认识左转指令。教师边移动小队长中的指令，边请幼儿观察猜测，看哪个像是左转指令。体验指令、了解指令的作用，介绍新指令（右转指令）。

● 任务探索

尝试运用直行指令和左转指令。变化任务，引出右转指令。

● 探索旋转指令的参数设置

观察指令作用：教师请幼儿点击左转或者右转指令，请幼儿观察。开展关于旋转参数的游戏，幼儿自己任意调节角度参数，让 Botzee 来验证。

● 收拾整理

活动结束后，引导幼儿把机器人开关关掉，把设备按规定放好，把积木整理好放回收纳箱。

活动反思

本课主要围绕左转指令和右转指令展开。幼儿需要理解左转和右转的含义，并且通过观察了解左转和右转指令对应的 Botzee 机器人对应的动作，在此基础上，尝试让 Botzee 完成含有左转、右转以及前进指令的迷宫。最后让幼儿做一个找朋友的游戏，让幼儿说出到好朋友的座位需要怎么走，巩固对左右方位的理解。

在理解左右转的指令上幼儿已经能够完全分清，并能根据教师的指令操作进行左右转，在设置场景让幼儿操作左右转绕过障碍的情况下，部分幼儿能够比较熟练地判断出应该使用的指令，有一部分幼儿还是需要仔细思考。

活动实录图

活动八：Botzee 转圈圈

活动目标

- 熟练掌握原地左右转参数（时间、速度）的设置方式。
- 能够运用原地左右转指令，完成指定任务。
- 通过转圈的任务，感知生活中的数学。

活动准备

平板电脑（葡萄儿童编程 APP）、葡萄智能积木编程套装。

活动过程

- 游戏导入

游戏：教师带领幼儿进行游戏"向左转，向右转"，教师口头给出指令，幼儿模仿机器人的动作执行指令，复习左右的概念。

指令回顾：请幼儿连接平板电脑和机器人，运用原地左右转指令完成向左转、向右转、向后转和转一圈的任务。

- 机器人转圈圈

原地左转指令深入探究：请幼儿尝试使用原地左转指令，探究原地左转指令的秘密。幼儿交流分享自己的发现。

引导幼儿根据时间和速度进行原地左右转的参数设置：教师引导提问，如何让 Botzee 转圈的时候转得快一些。教师引导幼儿，在保持速度为 5 的基础上，左右拖动时间滑动条，并运行程序，观察 Botzee 的反应。

幼儿自行探索原地右转的参数（时间和速度）：观察 Botzee 的反应，并说一说所设置的参数是否和原地左转相同。

- 挑战小任务

教师通过小任务，巩固对原地左右转的用法及时间、速度的参数设置。

- 收拾整理

活动结束后，引导幼儿把机器人开关关掉，把设备按规定放好，把积木整理好放回收纳箱。

活动反思

　　本次活动主要围绕原地左右转指令展开。幼儿需要通过探索参数设置界面，掌握设置原地左右转时间和速度的参数，在此基础上，尝试运用前进、后退、原地左右转指令完成指定任务。最后，幼儿需要发挥联想，说一说人一般会在什么情况下不停地旋转。

　　在进行实际操作时，幼儿先找到了最后一个指令可以直接转圈，教师才用考一考的方式让幼儿尝试左右指令展开，将活动重新拉回原有的课程计划中。

　　引导幼儿探索滑动条所设置的参数是时间，滑动条往左拖动则转圈的时间短，滑动条往右拖动则转圈的时间长。这一点幼儿能够在操作时知道如何设置，但并不理解其中的原理，导致不能运用到实际中，还需要我们在后续的活动中进一步引导。

活动实录图

活动九：Botzee 跳起来

活动目标

● 巩固复习前进、后退、原地左转和原地右转指令的功能及参数设置。

● 能够综合运用指令让 Botzee 跳一段舞蹈。

● 在欣赏 Botzee 跳舞的过程中感受音乐和舞蹈的乐趣。

活动准备

平板电脑（葡萄儿童编程 APP）、葡萄智能积木编程套装、兔子舞视频。

活动过程

● 提问导入

请幼儿完成简单任务：任务一，先前进 5 步，在原地往左转一圈；任务二，先后退 35 厘米，在原地往右转掉头。

● 机器人律动游戏——兔子舞

学习兔子舞：初步欣赏兔子舞，并根据视频模仿跳兔子舞。

搭建兔子机器人：1.请幼儿讨论兔子舞的动作。2.搭建兔子造型的机器人。请幼儿根据本次活动的要求，用积木零件给 Botzee 进行装饰，作出兔子的造型。交流展示自己的"小兔子"。

进行编程设计：请幼儿用编程指令，根据舞蹈进行编程设计。教师引导幼儿思考这些动作需要哪些指令才能够完成，教师巡视指导。

● 跳一曲兔子舞

教师请个别幼儿展示自己的作品，其余幼儿观察学习。全体幼儿一起玩自己的兔子舞蹈游戏，看看谁的动作更精彩。

● 收拾整理

活动结束后，引导幼儿把机器人开关关掉，把设备按规定放好，把积木整理好放回收纳箱。

活动反思

本次活动主要围绕兔子舞展开，让幼儿发挥想象力，运用葡萄智能积木编程套装美化搭建Botzee机器人，综合运用编程指令让Botzee跳一段兔子舞。

在使用编程指令前教师首先讲述了本节课的要点和重点，让幼儿带着问题观看视频并思考如何使用指令才能完成本次任务。幼儿在观看后都有自己的思考，首先进行Botzee外形特征的构造，每一位幼儿所制作的兔子都体现出自己的想象力，用不同的搭建材料进行构造，更有个别幼儿为自己的兔子进行大胆猜想和不断改造，所以在搭建时花费时间较长，甚至有个别幼儿沉浸在构造中一直没有结束。

活动实录图

活动十：我的交通工具

活动目标

● 尝试运用教学配套积木材料搭建构思出来的交通工具，能够综合应用移动指令让交通工具完成一定的行走路线。

● 通过对交通工具的搭建和编程，感受编程的神奇，培养探索科技的兴趣。

活动准备

媒体素材：各种各样的公交车图片。

活动过程

● 活动导入

复习移动指令的分类：1.引导幼儿回顾之前的几次活动中认识的移动指令。2.引导幼儿回顾这些指令的使用方式和参数设置方式。

● 定制自己的交通工具

教师请幼儿设计自己的交通工具：1.教师告知幼儿本次活动的任务是搭建自己的交通工具。2.教师请幼儿设计交通工具图纸，并用积木搭建出来，运用编程让公交车完成一定的场景任务。

机器人形象建构：1.教师引导幼儿讲述自己的设计图，明确自己设计的交通工具的结构。2.尝试搭建自己设计的交通工具，教师请幼儿参照图片，尝试自由搭建。

● 设计专属编程程序

幼儿设计程序并执行展示：1.教师可以选取部分展示作品，说一说搭建的设计思路和程序的设置思路，并演示效果。2.巡视指导帮助幼儿完成自己设计的程序，帮助实现功能。

● 收拾整理

活动结束后，引导幼儿把机器人开关关掉，把设备按规定放好，把积木整理好放到收纳箱。

活动反思

本次活动主要围绕公交车主题展开，幼儿通过发挥自己的想象力，设计一款公交车，并通过葡萄智能积木编程套装进行搭建，同时结合编程，让公交车完成场景任务。

在活动中组织幼儿发挥创造性思维构造停车场场景，不断完善停车场细节，并设置停车场入口自动识别车辆开关门，让幼儿在自己所设置的关卡中挑战S弯道。由于幼儿创设环境的时间较长所以挑战时间较短，而且许多幼儿在不断尝试调整参数过程中逐渐气馁，在寻求教师的帮助后，教师与幼儿一起总结参数规律成功进行设置。

活动实录图

（本课指导老师：刘雪梅、刘旭）

尤克里里

年级组：中班、大班

　　尤克里里是一种起源于葡萄牙，盛行于夏威夷群岛的四弦弹拨乐器。它音色明快清澈、亮而不躁，具有简单易学的优点，受众群体不受限制，所以尤克里里很适合幼儿学习。在本次社团活动中，幼儿能够体会到尤克里里的音色美，了解尤克里里相关的知识，感受尤克里里独有的音乐特点。

活动一：小小尤克里里

活动目标

- 知道尤克里里的起源。
- 了解尤克里里的构造。
- 掌握尤克里里的正确持琴姿势。

活动准备

教具准备：尤克里里、幼儿练习册、调音器、多媒体课件、音响设备。

活动过程

● 导入环节

教师点开本节课视频，播放情景动画，带领幼儿观看。当情景动画结束，教师点开"大家一起闯关"的图标，通过闯关音乐游戏带领幼儿认识尤克里里（起源、构造和扶琴知识）。结束后，教师继续引导幼儿巩固认知尤克里里。

● 关于尤克里里

介绍持琴的方法：

站立式 —— 左手的虎口持于琴颈处，右手的臂弯支撑琴体。

坐式 —— 坐着弹奏时，把琴自然放在右腿大腿上作为支撑，手部的动作与站立式相同。

初步感受尤克里里的基本音：

用拇指从上至下缓慢弹出 4 个基本音—so、do、mi、la。用食指从下至上缓慢弹出 4 个基本音—la、mi、do、so。

熟悉图谱：

教师点开课程界面的第二个图标，播放幼儿歌曲，并带领幼儿熟悉图谱。

● 音乐家小百科

教师点开课程界面的第三个图标，播放音乐小百科，让幼儿熟悉音乐家贝多芬的成长故事，引导幼儿养成持之以恒的好习惯。

● 再见歌

教师引导幼儿把乐器放回乐器区，播放再见歌，带领幼儿做律动。

活动反思

在活动过程中，幼儿观看了调音器给尤克里里调音的方法及正确的持琴方法，还知道了尤克里里的起源、了解了尤克里里的构造。在反复弹奏 4 个基本音的同时，幼儿能深深感受到尤克里里透亮音色所带来的听觉冲击。

活动实录图

活动二：奇妙的音弦

活动目标

- 能准确说出尤克里里的起源、部位名称。
- 手持尤克里里能作出标准的持琴姿势、站姿、坐姿等。
- 探索琴体，尝试拍琴、扫弦。

活动准备

多媒体教学系统、尤克里里、教学用书。

活动过程

- 音乐游戏

课前互动：教师组织幼儿问好，播放多媒体课程的第一个环节音乐游戏，然后提问幼儿，进行互动。

- 复习回顾

复习上一节课的重点教学内容。

- 情景回顾

教师播放多媒体课程的"情景动画"让幼儿观看，复习尤克里里的由来。

- 音乐素养

教师拿出自己的尤克里里，结合多媒体提问并讲解尤克里里的构造，让幼儿认知琴弦、琴颈、琴箱三个部位，掌握持琴姿势。

- 拍箱、扫弦

教师请幼儿拿出尤克里里，并拍奏琴箱，熟练后教师播放《哈巴狗》，幼儿跟着音乐一起拍箱、扫弦演奏并朗诵歌词。

- 弹奏技巧

教师打开多媒体课程的"弹奏技巧"，请所有幼儿一起唱《哈巴狗》并加入拍箱、扫弦，熟练后对照多媒体上的图谱弹唱尤克里里。

- 趣味练习

教师带领幼儿一起玩多媒体上的趣味游戏，操作连线练习。

活动反思

通过对尤克里里历史的了解和欣赏辅导教师的精彩弹唱，极大调动了幼儿的兴趣。在认识尤克里里各部件名称的同时，幼儿也对尤克里里有了初步的了解，能够准确说出尤克里里的起源、部位名称，能够作出标准的持琴姿势，同时还能够探索琴体，尝试拍琴、扫弦。

活动实录图

活动三：爬呀！爬呀！爬格子

活动目标

● 初步了解四分音符、二分音符以及全音符。

● 掌握左手手指按弦的方法。

● 通过左手的爬格子练习，训练手指的按弦能力。

活动准备

贴贴星、音乐节奏。

活动过程

● 导入回顾

教师跟幼儿问好，通过听旋律猜歌名的游戏，调动幼儿的兴趣。复习上一节课的重点教学内容。

● 介绍左手手指按弦的方法

在低把位处，左手手指略微倾斜，以接近于垂直直板的角度按弦。按弦的位置要尽量靠近品位，不能离品格太远，更不能超过品格。

各指关节要呈弯曲状，不可僵直或向内弯曲成折指，第一品的琴弦用食指来按，第二品用中指来按，第三品用无名指按。

● 左手手指的爬格子练习

左手食指、中指、无名指和小拇指依次按下各弦的1234品，目标是训练单个手指的按弦能力。

● 活动结束

活动结束之前，教师带领幼儿回顾本次活动的内容和学到的本领：左手手指按弦的方法和左手手指的爬格子。

活动结束后，教师安排幼儿有序离开活动室。

活动反思

    本次活动学生初步掌握了左手按弦的方法。左手手指的爬格子练习不仅训练了学生手指的按弦能力，培养了吃苦耐劳的精神，还让幼儿体会到循序渐进的音乐节奏。

    本次活动还让幼儿初步了解了四分音符、二分音符以及全音符，掌握了左手手指按弦和左手爬格子的方法。

活动实录图

活动四：《玛丽有只小羊羔》

活动目标

- 认识 C 调音阶。
- 掌握《玛丽有只小羊羔》的弹唱。
- 培养幼儿的音乐素养，激发幼儿对音乐的兴趣。

活动准备

图谱、音频《玛丽有只小羊羔》。

活动过程

- **导入回顾**

音乐游戏导入：师幼互动，教师跟幼儿问好，通过听旋律猜歌名的游戏，调动幼儿的兴趣。

复习回顾：播放多媒体课程的"情景动画"让幼儿观看，让幼儿巩固认知尤克里里。

- **认识 C 调音阶**

打开多媒体教学视频，认识 C 调音阶：1.认识 C 调音阶；2.认识 C 调的 do(低音)——do(高音)的全半音关系；3.认识 C 调的 do(低音)——do(高音)的品位按法。

C 调音阶的练习：用拇指下拨弹奏，要很快反应出各个音的位置。

- **《玛丽有只小羊羔》**

打开多媒体课程的"弹奏技巧"，请所有幼儿一起唱《玛丽有只小羊羔》并加入拍琴箱动作。教师示范节奏，幼儿感知并跟着一起完成节奏练习。

- **出示图谱**

认识图谱，掌握《玛丽有只小羊羔》的节奏。根据图谱节奏，弹唱《玛丽有只小羊羔》。

活动反思

　　《玛丽有只小羊羔》这首歌曲的旋律生动活泼、旋律简单，在这个活动里教师制定了两个目标，第一个是了解四分附点音符；第二个是掌握歌曲《玛丽有只小羊羔》。

　　在活动过程中，教师运用了多媒体教学法。通过图示，一方面能帮助幼儿记忆歌词，理解歌词内容；另一方面能吸引幼儿的注意力，使幼儿保持对活动的积极性。

　　在活动中，存在这样的问题：个别幼儿活动常规较差，没有自制力，导致活动室里有嘈杂的琴声。下次活动，教师要注重幼儿活动的秩序维护。

活动实录图

活动五：神奇的音符

活动目标

- 正确区分音符的时值。
- 巩固基本功，训练爬格子。
- 大胆参与游戏，乐意与同伴共同体会游戏的乐趣。

活动准备

音符图片、尤克里里、多媒体教学设备。

活动过程

- **音乐游戏**

师幼互动，教师向幼儿问好。进行音乐游戏，调动幼儿兴趣。

- **猜一猜**

将各种音符的图片贴在黑板上，教师随机拿取一张图片，请幼儿说出它的时值。

教师播放多媒体第一个环节"音乐游戏"，然后提问幼儿进行互动。

- **爬格子**

幼儿跟随音乐，练习左手的爬格子练习。教师根据幼儿的情况随机变换音乐节奏。

- **小小演奏家**

幼儿熟练歌唱拍琴后，教师播放多媒体"小小演奏家"，幼儿跟着音乐节奏一起拍唱《玛丽有只小羊羔》。

- **活动结束**

活动结束之前，教师带领幼儿回顾本次活动的内容，认识音符图片和练习左手爬格子。

活动结束后，教师安排幼儿有序离开活动室。

活动反思

本次活动有三个目标：

第一是正确区分音符的时值，这一目标在大班幼儿中基本达成。第二是基本功训练爬格子，在多媒体教学设备的帮助下，幼儿的活动兴趣很浓烈，但是此目标没有达成，大部分幼儿无法独立完成。第三是和非洲鼓社团进行合奏，在活动过程中，幼儿能积极地投入到合奏中，兴趣较浓。

活动实录图

活动六：《小星星》

活动目标

- 掌握《小星星》独奏曲的演奏方法。
- 在弹奏的基础上，感受尤克里里带来的乐趣。

活动准备

尤克里里、多媒体课件、贴贴星。

活动过程

- 导入

合奏《玛丽有只小羊羔》，看看幼儿对 C 调音阶弹奏的掌握情况。

- 播放《小星星》

《小星星》是 C 调音阶的小练习曲，弹奏时全部使用拇指进行，注意手指力度的控制，控制好音色，把握好节奏。不需要弹得多快，关键是要把每个音弹准确，节奏弹准确，熟悉音阶在指板的位置以及左手手指按弦的熟练操作。

- 练习《小星星》

幼儿反复练习《小星星》，教师指导。教师播放多媒体"小星星"，幼儿跟着音乐节奏一起合奏《小星星》。

- 活动结束

活动结束之前，教师带领幼儿回顾本次活动的内容，练习《小星星》独奏曲，弹奏时需要注意手指力度的控制，控制好音色和把握好节奏。

活动结束后，教师安排幼儿有序离开活动室。

活动反思

　　幼儿经过反复练习和强化，对四根琴弦的唱音已经比较熟悉，部分幼儿已经能够独立弹奏《小星星》的旋律。个别中班幼儿因练习较少，还不是很熟悉。

　　这次社团活动能够使幼儿掌握好《小星星》独奏曲的演奏方法，能够在学到的弹奏基础之上，感受尤克里里带来的乐趣，同时也能在这一过程中巩固所学到的知识，在弹奏的时候更加熟练。

活动实录图

活动七：有趣的休止符

活动目标

- 认识二分音符休止符、四分音符休止符。
- 掌握弹奏《两只老虎》。

活动准备

多媒体课件、尤克里里、贴贴星。

活动过程

- 导入

教师播放音乐《两只老虎》。复习四分音符和八分音符。

- 观察系统课件

认识二分音符休止符和四分音符休止符。跟随音乐击打琴箱，练习二分音符休止符和四分音符休止符。提醒幼儿正确持琴。

- 掌握C和弦的新弹奏方法

教师示范C和弦的新弹奏方法，幼儿跟着教师的示范弹奏练习，教师巡回指导。

- 教师示范《两只老虎》的弹奏

教师讲解演奏要点。幼儿自主练习，教师视情况进行针对性指导。

- 活动结束

教师带领幼儿一起完成节奏歌曲《两只老虎》的互动。

同时，回顾本次活动的内容，认识二分音符休止符和四分音符休止符；掌握C和弦新弹奏方法和《两只老虎》的弹奏方法以及注意事项。

活动反思

　　幼儿对二分音符休止符的节奏掌握得比较好，在四分音符休止符的掌握上还需再加强练习。弹奏 C 和弦时，由于幼儿的手部精细动作还未发育完全，按弦容易不稳，对幼儿来说还有一定的难度。

　　这次社团活动主要是为了让幼儿认识二分音符休止符、四分音符休止符，掌握 C 和弦新的弹奏方法，同时掌握怎么正确弹奏《两只老虎》，在此过程中，幼儿都很兴奋，表现出对这个活动的极大兴趣。

活动实录图

活动八：《月亮摇篮》

活动目标

- 练习歌曲《月亮摇篮》。
- 认识小节线和终止线。
- 掌握如何拍打节奏。

活动准备

系统课件、尤克里里。

活动过程

- 律动游戏导入

播放音乐《跟着老虎走》引入活动。提醒幼儿注意听律动音乐的节奏点，并完成相应的动作。观看系统课件《月亮摇篮》。

认识《月亮摇篮》的节奏点。教师带着幼儿认识图谱中的小节线和终止线。

- 用不同的方法演奏《月亮摇篮》

引导幼儿用拍打琴箱的方式来表现四分音符和八分音符。

- 温习琴弦唱音，尝试弹奏《月亮摇篮》

幼儿练习，教师针对性指导。

- 活动结束

教师带领幼儿一起完成节奏歌曲《月亮摇篮》的互动。

同时，回顾本次活动的内容，认识图谱中的小节线和终止符。掌握用不同方式演奏《月亮摇篮》，能够用拍打琴箱的方式表现四分音符和八分音符，感受这两个音符的区别。

活动反思

　　本次活动通过律动游戏来引入课题，帮助幼儿掌握不同的节奏，认识四分音符和八分音符，幼儿的接受情况很不错。但尝试弹奏《月亮摇篮》对于幼儿来说仍有难度，他们的持琴姿势还需要反复练习和强化。

　　这次活动中，让幼儿认识了小节线和终止线，掌握了如何打节奏，通过练习歌曲《月亮摇篮》激发了幼儿对尤克里里的兴趣，培养了幼儿的节奏感。

活动实录图

活动九：《外星人》

活动目标

- 练习 C 和弦的大和弦扫弦。
- 掌握切分节奏感。

活动准备

音乐《外星人》、尤克里里。

活动过程

- 导入

音乐律动游戏——我的附点在哪里。

- 熟悉音乐《外星人》的节奏

出示《外星人》尤克里里图谱。教师讲解节奏的要点，重点讲解切分节奏。

- 用拍琴箱的方式打出歌曲节奏

教师带领幼儿尝试用切分节奏拍箱。

- 介绍大和弦扫弦

教师示范大和弦扫弦，尝试用扫弦的方式表现歌曲的节奏。

- 跟随音乐练习扫弦

幼儿练习，教师针对性指导。

- 活动结束

教师带领幼儿一起完成节奏歌曲《外星人》的互动。

同时，回顾本次活动的内容，认识《外星人》的尤克里里图谱，并能够用拍琴箱的方式打出《外星人》歌曲的节奏，掌握大和弦扫弦的方式。活动结束后，教师安排幼儿有序离开活动室。

活动反思

　　幼儿持琴姿势不标准，C和弦按不稳，还需加强练习。个别幼儿在拍打节奏的时候能够找准节奏，但扫弦的时候有些困难，幼儿的扫弦方法不太正确，教师在指导的时候还需更具有针对性。

　　在律动游戏《外星人》引入活动中，提醒幼儿注意听律动音乐的节奏点，并完成相应的动作。

活动实录图

活动十：《十个印第安小朋友》

活动目标

- 各种音符的组合练习。
- 熟悉歌曲《十个印第安小朋友》。
- 建立良好的节奏感。

活动准备

多媒体课件、尤克里里。

活动过程

- 音符游戏：谁不见了

将音符的图片全部贴在黑板上，请幼儿说出它们的名字。

师：幼儿将眼睛闭上，教师拿走一张音符的图片，请幼儿睁开眼睛，请幼儿说出哪个音符的图片不见了。

依次玩几次，直到幼儿全部复习完。

- 《十个印第安小朋友》

师：看来小朋友们没有忘记我们的音符宝宝，今天老师给大家带来了一首新歌曲《十个印第安小朋友》，请你们听一听，说说你们听到了什么？

用提问的方式，带着幼儿熟悉歌词和旋律。

- 弹奏歌曲

熟悉歌词之后，请幼儿拿出尤克里里。告知幼儿弹奏方法。

自行练习，教师分别指导。

- 弹奏展示和分享

幼儿自行练习之后，可以请几位幼儿展示一下自己的弹奏方法，说一说，自己是怎么弹奏的。

其他幼儿可以根据分享经验来重新思考，并自己尝试一下该怎么把这首新歌曲《十个印度第安小朋友》弹得更好。

● 用不同的方法演奏《十个印第安小朋友》

引导幼儿用拍打琴箱的方式表现出节奏感。

● 活动总结

总结尤克里里弹奏的方法与技巧和尤克里里的基本乐理知识，以及持琴姿势、左手手指按弦技巧和扫弦的方式等。

● 活动结束

教师最后可以带领幼儿一起完成新歌曲《十个印第安小朋友》的互动。

同时，回顾本次活动的内容，认识《十个印第安小朋友》的尤克里里图谱，然后熟悉一下《十个印第安小朋友》的歌词和旋律，掌握弹奏《十个印第安小朋友》的技巧与方法。活动结束后，教师安排幼儿有序离开活动室。

活动反思

在本次社团活动中，幼儿主要是以复习音符和熟悉歌曲《十个印第安小朋友》为主，大部分幼儿都能够在教师的提问下，回忆起所有的音符。能够在教师的引导下，演奏出《十个印第安小朋友》。

通过本次尤克里里的活动教学，不仅让幼儿掌握了基础知识和弹奏技巧，还激发了幼儿对音乐的兴趣和审美能力。

活动开始教师也对尤克里里的基础知识进行了讲解，包括尤克里里的构造、历史背景和调音方法等基础知识，让幼儿对尤克里里有了基本的了解。

在尤克里里的活动设计中，教师注重了教学方法和手段的多样化，将课堂练习和教师课堂互动有机结合，让幼儿在轻松愉快的氛围中学习尤克里里。同时，提供了丰富的辅助教学资源与工具，为幼儿的学习提供全方位的支持。

在这次活动中通过教师演示和指导，让幼儿掌握正确的持琴姿势、手指拨弦方法、手指按弦和扫弦技巧等基本弹奏技巧。同时，准备了《小星星》《两只老虎》《玛丽有只小羊羔》《月亮摇篮》《外星人》《十个印度安小朋友》等多种节奏曲目来培养幼儿的乐感和节奏感，让幼儿在短时间内掌握尤克里里的基础知识和弹奏技巧，调动了幼儿的学习积极性，培养了他们对音乐的兴趣。

活动中教师还播放了音乐小百科，让幼儿通过熟悉音乐家贝多芬的成长故事，引导幼儿养成持之以恒的好习惯。同时，还通过幼儿自由练习之后的分享，更好地巩固幼儿的弹奏技巧，幼儿在互相学习和交流中，也能够很好地提升自己的弹奏水平。

活动实录图

（本课指导老师：何颖）

陶然四季

年级组：中班、大班

  随着陶艺热的逐步升温，陶艺制品受到越来越多人的青睐，我园将陶艺制作活动列入了教学课程，让幼儿从小就可以受到艺术的熏陶，让幼儿能够在这个课程中体会到现代陶艺的魅力，从中锻炼幼儿的动手能力，非常好的体现了素质教育的成果。

活动一：玫瑰花

活动目标

● 乐于参加陶艺活动，大胆将内心感受表现在作品中，体验其中的乐趣。

● 能够利用陶泥的特性，运用适宜工艺技能和工具，制作立体、半立体陶泥制品。

活动准备

经验准备：

1. 引导幼儿欣赏陶土浮雕作品，获得美的享受，萌发制作陶泥的愿望。

2. 已进行"玩陶泥"的系列活动，通过看一看、试一试、按一按、撮一撮，感受了陶泥的特性（如可塑性等），并掌握了一些制作陶泥的技巧。

3. 幼儿大胆构思了自己想制作的陶艺品，并画出了设计图和制作步骤图。

物料准备：

每位幼儿根据自己的需要选择适量的泥、适当的工具（如擀面棍、塑料刀、树枝、豆子等）及辅助材料。

清洁工具：

湿纸巾、抹布、围裙、小墩布等。

活动重难点

重点：制作成立体、半立体陶泥制品。

难点：按照自己的构想，大胆将内心感受表现在作品中。

活动过程

● 谈话导入

简短的谈话，唤醒幼儿对陶艺活动的兴趣，加深对玫瑰花的了解。

帮助幼儿梳理思路，为活动的进行做好充分准备。

师：小朋友们，谁来说一说你准备怎样实现自己的设计？

幼儿自由讲述。

在聆听了幼儿的想法后，充分肯定幼儿的创意，鼓励幼儿大胆制作。

师：小朋友们都想好了一会儿了，老师觉得你们每个人的想法都特别有创意。现在，你们可以系上围裙，取出准备好的材料开始制作了。

● 制作活动

鼓励幼儿根据自己的设想，大胆运用各种美术材料和工具进行创作。

教师细心观察每位幼儿的活动，当幼儿遇到困难或因失败而缺乏兴趣等情况时，教师要进行适时的指导，使每位幼儿都感受到制作的乐趣并获得成功的体验。

活动要求：

1.我们很爱卫生。

2.我们遵守课堂纪律。

3.我们的作品很珍贵。

回忆上节课我们遇到的问题：

1.陶泥干裂怎么办？

解决办法：蘸点水揉均匀。

2.陶泥水分过多怎么办？

解决办法：揉泥过程中可以使水分蒸发掉。

3.在造型过程中泥与泥怎么衔接？

解决办法：陶泥造型时水充当了胶水的作用。

做玫瑰花：

重点：先做玫瑰花的底座，再做玫瑰花的花瓣。

第一步：做圆片（做薄）。

第二步：依次放好。

第三步：卷起来（做法同上，花瓣比外圈小）。

第四步：做花枝。

鼓励幼儿分享：

鼓励幼儿向同伴、教师介绍自己的作品。

目的：鼓励幼儿在介绍制作的思路、介绍制作过程以及自己作品的过程中，与他人分享自己成功的喜悦。引导幼儿学会欣赏同伴富有创意的作品，鼓励幼儿学习同伴作品中优秀的地方。

活动反思

在实践过程中，要让幼儿明白过程的重要性，培养良好的习惯就从这个过程开始，每位幼儿必须有一定的综合水平知识。

活动中有几个问题存在：1.幼儿太过于注重自己喜爱的元素。2.没有把陶艺材料工艺知识结合在作品上。

活动实录图

活动二：杯子

活动目标 🐂

● 了解制陶的一些基本术语，掌握捏陶的新技法。

● 能运用多种形式制作杯子，拓宽思维和想象，充分体验创作的快乐。

● 能根据自己的构思创意，独立设计制作，激发创新意识，观察、思考、探索的能力得到提高。

活动准备 🐸

经验准备：了解陶艺的基本知识，掌握两种以上基本技能。

材料准备：背景音乐、数码照相机、电脑、幕布、欣赏多媒体课件、幼儿的工作服、陶泥和制作工具等。

活动过程 🐮

● 活动导入

师：小朋友们，待会儿我要请大家和泥巴去做游戏，你们高兴吗？现在让我们学一学好玩的泥巴，跟着音乐进活动室吧！

● 出示泥团，引导幼儿想象

师：这是什么？我们已经学会搓大汤圆了，看！这是什么动作？我们一起来学一学，我捏我捏我捏捏捏，往上捏往下捏两边捏。

师：它变成什么了？它请泥条妹妹来帮忙（连接泥条），它变好了，呀！是什么？泥巴变身真好玩，给它们拍拍手。

● 观看多媒体课件，启发创作

师：其实我们生活中还有许多有趣的杯子，老师也收集了一些，我们一起来看看。

欣赏课件，重点引导幼儿观看杯子的造型与装饰方法。

师："如果让你买杯子，你准备买哪一个？为什么？"

教师小结：杯子有高的、矮的，有水果、小动物、小人形状的。除了这些还有许多更有趣的杯子，你们想不想自己试着做一个，看看谁做得与众不同。

● **幼儿讨论，大胆制作**

师：你准备做一只什么样的杯子呢？跟你的好朋友说说。

提醒幼儿认真制作，鼓励幼儿大胆想象、大胆制作。教师巡回指导，及时捕捉幼儿有创意的想法与制作，并用照相机拍下来。

● **展示作品，师幼互评**

以幻灯片的形式欣赏同伴作品，进行评价。教师也从中选出几件有代表性的幼儿作品，从造型上分析作品的优点。

活动反思

陶艺课需要运用到一些工具。在活动管理中必须要有秩序地让幼儿运用好这些工具，保护好幼儿的安全与培养他们的良好习惯。实践是一个过程，实践并不是通过一个作品决定幼儿的一切，而是要看在这个过程中幼儿发生了什么变化，养成了什么习惯。

活动实录图

活动三：头部捏塑

活动目标

● 了解陶泥的基本特性、认识陶艺制作的基本工具以及使用方法。

● 体验陶艺制作的基本技法。

● 让学生感受"玩泥巴"的乐趣，鼓励幼儿用自己的手捏塑人物头部。

活动准备

陶泥、教学课件、各类制作工具。

活动重难点

重点：感受玩泥巴的乐趣。

难点：体验陶艺制作的各种技法。

活动过程

● 出示照片，引导发现

出示人物头像照片，引导幼儿发现脑袋的各个部位。

师：小朋友们，两两一组互相看一看对方，咱们头上都有哪些部位呢？（幼儿讨论）

师：现在我们一起用小手感受一下它们都是什么形状吧？（幼儿感受）

幼：头，圆圆的。鼻子，三角形？嘴巴，很多形状？

师：小朋友们现在感受一下多种表情，看看我们的五官会不会有变化呢？（幼儿讨论）

师：小朋友们，现在我们一起把刚刚的表情用泥土表现出来，你们愿意吗？（幼儿尝试制作）

师：对了，马上就是重阳节了，你们记得爷爷奶奶的样子吗？我们一起来制作吧。想想爷爷奶奶的头部和你们的头部有什么不同的地方。是皱纹吗？还是胡子？

● **欣赏作品，启发创作**

欣赏儿童泥塑人物作品图片，让幼儿感受儿童各种有趣的或天真活泼或夸张的动态表情，体味儿童泥塑的稚拙美，激发创作力。

启发幼儿回忆自己印象最深的动作瞬间进行创作构思，可选几位构思好的幼儿演示自己想表达的主题动作。

教师对泥塑创作方法作进一步深入指导，并介绍创作工具的正确使用方法和要求。

● **展示作品，师生评价**

评价建议：能否抓住动态特征表现主题；能否将动态稳定地表现出来；能否将身体与头部、四肢黏接固定；能否尝试五官的修饰，保留手捏质感；是否对捏塑人物感兴趣。

● **收拾整理**

将剩余的土回收至桶里，桌面擦干净。注意抹布、竹刀及碎土不要直接在水池清洗，可先在水桶内清洗，再在水池冲洗，以免泥浆、泥块堵住水管。

作品每个部分黏合处要特别黏紧，放在专用教室的通风处进行风干，注意不要碰坏。

活动反思

这次活动气氛热烈，幼儿对头部的制作兴趣浓厚，特别是对头发的制作情有独钟，非常着迷。

教师主要通过让幼儿了解陶泥的基本特性、认识陶艺制作的基本工具及使用方法。同时还采用了最有趣的方式，让幼儿通过启发和实践来体验陶艺制作的基本技法。

在活动过程中，让幼儿感受了"玩泥巴"的乐趣，鼓励幼儿用手捏塑人物头部。不仅培养了幼儿的动手能力和思维能力，还激发了幼儿的创作能力。

通过展示和分享，幼儿之间可以学到不同的表达方式。通过让幼儿亲手塑造头部模型，帮助他们更直观地了解头部的结构，并锻炼他们的动手能力。

在幼儿操作的过程中，教师需要更加细心地观察他们的表现，及时给予指导和帮助，确保他们能够顺利完成作品。同时，还需要关注幼儿的情感体验，让他们在活动中感受到成功的喜悦。

活动实录图

活动四：龙虾

活动目标

- 了解龙虾的种类等基本知识。
- 培养孩子的耐心，提高想象力。
- 锻炼孩子的总结能力，如何将龙虾用陶泥表现出来。

活动准备

经验准备：了解陶艺的基本知识，掌握两种以上基本技能。

材料准备：背景音乐、多媒体课件、幼儿的工作服、陶泥、制作工具等。

活动过程

- 活动导入

师：小朋友们，你们都在什么地方见过龙虾？

幼：饭店、超市。

师：你们观察一下这些龙虾，看看它们之间有什么区别？（幼儿观察图片）

- 观察龙虾，引导欣赏

师：龙虾长什么样？

引导幼儿观察整体形象（抓住动物的整体外形，注意：舍弃细部，抓准基本形），细部刻画（抓住动物的明显特征，注意：对所塑造动物的特点可以运用夸张的艺术手法加以表现）。

- 启发想象，动手制作

师：你们看，不同种类、不同状态下龙虾的触角、足部、尾节是怎样的？

师：小朋友们，你们想不想动手自己做一只生动可爱的龙虾呢？那就请大家按照我们自己总结出的评价标准试一试吧！

交流演示制作过程，分享制作方法，有问题大家共同解决，提高技法。

活动反思

　　良好的开始让幼儿在接下来的一系列探索活动中都很专心,他们通过捏、搓、揉和团等操作,一步步深入活动,直至完成作品。

　　知识是在幼儿探究之后,在讨论中形成的。而且,艺术活动不仅仅要学科学,还要发展语言。此活动为幼儿提供了一个充分的语言表达与交流机会,幼儿在探索中的讨论交流,使他们的思想得以碰撞、灵光得以闪现,大大发展了创新思维。

活动实录图

活动五：房子

活动目标

● 学习泥条盘筑，大胆运用刻画、镂空等手法表现自己设计的房子。

● 初步学习对整体结构以及遮挡关系的处理。

● 大胆想象，勇于表达。

活动准备

各种各样的房子图片，陶泥、操作工具人手一份。

活动过程

● 活动导入

进行和房子有关的猜谜游戏，引起幼儿兴趣。

● 出示图片，引导观察

出示各种各样的房子图片，引导幼儿观察交流。

师：你喜欢哪座房子？

教师重点引导幼儿观察有遮挡关系的房子图片，分析其构图特征。

教师小结：尽管后面房子的有些部分被前面房子遮掉了，但我们在视觉上仍然觉得它是完整的，而且房子造型丰满，立体感很强。

通过出示图片，让幼儿观察讲述，幼儿对房子的外部特征有初步的了解。教师有重点地引导幼儿观察房子的遮挡关系，为接下来的制作环节做好铺垫。

● 引导创作

师：你们准备设计什么样的房子？今天，我们一起来设计制作这样有前后遮挡关系的房子。

通过让幼儿交流自己对房子的构思，为大家的相互学习提供平台，特别是对那些想象力尚待开发的幼儿是一个极为有益的助力。

● 幼儿制作，教师巡回指导

举办"我设计的房子"展览，引导幼儿欣赏同伴作品。

活动反思

　　在这次活动中，活动气氛热烈，幼儿对房子的制作兴趣浓厚，情绪高涨。

　　但在活动过程中，有少数几个幼儿对房子的结构不是很清楚。在教学时，教师对个别不敢动手操作的幼儿应更细致地指导。

　　本次活动中，主要让幼儿学习了泥条盘筑，能够大胆运用学习到的刻画、镂空等手法表现自己设计的房子。同时也教他们能够学会对整体结构以及遮挡关系的处理，让幼儿能够在活动中大胆想象，勇于表达自己的想法。

活动实录图

活动六：蝴蝶

活动目标

● 了解蝴蝶的相关知识，关注蝴蝶的基本特征。

● 掌握陶艺的基本技法，揉、搓、压、捏、粘等，掌握颜色的搭配。

● 培养对陶艺的学习兴趣。

活动准备

各种各样的蝴蝶图片，陶泥、操作工具人手一份。

活动过程

● 活动导入

出示谜语："头上两根须，身穿彩花袍。飞舞花丛中，快乐又逍遥。"（打一昆虫）——蝴蝶（图片揭示谜底：蝴蝶）

● 认识蝴蝶

师：全世界大约有14000余种蝴蝶。接下来老师展示一些蝴蝶图片，请小朋友们看完之后，回答一个问题：你认为这些蝴蝶美在什么地方？

（出示蝴蝶图片，幼儿看图回答）

教师总结：结构美——身体对称；形状美——翅膀有不同的造型；颜色美——对比鲜明的颜色；花纹美——各种各样的花纹（点状、线状）

师：那这些蝴蝶的基本结构特征有哪些呢？

（出示蝴蝶图片，引导幼儿讨论、发言。）

教师总结：蝴蝶具有头、胸、腹三个躯段；头部有一对触角，一对复眼以及一个吻器（吸食花蜜、水等）；触角一般为棍棒状；胸部具有三对足以及四片翅膀，分为前翅和后翅，身体左右两边的翅膀对称；蝴蝶身体小而翅膀大，一般前翅大，后翅小。

● 示范制作

1.揉两个圆球，其中一个搓成椭圆形。用尺子在椭圆形上压出横纹，做

蝴蝶的身体;

　　2.揉两个大一点的圆球和两个小一点的圆球,将四个圆球压扁,捏出蝴蝶翅膀的形状;

　　3.将翅膀与身体组合:搓个细长的泥条做触角,粘上触角、眼睛,在翅膀上添上花纹,蝴蝶就做好了。

● 认识多样蝴蝶,引导创作

教师引导幼儿回忆说出蝴蝶的不同样式,并用图片方式加以引导。

(展示图片:挂饰、头饰、风筝、蝴蝶结、绘画、剪纸)

　　师:说一说你要制作怎样的蝴蝶?可从颜色、花纹、翅膀形状方面说一说,以及你准备用什么样的场景来衬托蝴蝶的美丽?

活动反思

　　本次活动旨在让幼儿了解蝴蝶的相关知识和关注蝴蝶的基本特征。在活动过程中掌握陶艺的基本技法,能够培养幼儿对陶艺的学习兴趣和对颜色的搭配。但在活动过程中,教师在"对称"问题上对于幼儿的教学有些不足,导致幼儿理解得不够彻底。

活动实录图

活动七：向日葵

活动目标

● 让幼儿了解向日葵的基本特征，培养幼儿对大自然的喜爱。

● 尝试用不同的方式制作出向日葵。体验变形带来的快乐，培养幼儿的动手能力，并能耐心地进行创作活动。

● 进一步培养幼儿对陶艺活动的兴趣。

活动准备

物资准备：泥、泥工板每人一份。

经验准备：幼儿课前去户外观察过向日葵，了解向日葵的基本构造。

活动过程

● 情景导入，激发幼儿学习兴趣

师：早晨，太阳慢慢升起来了，向日葵向着太阳，弯弯腰，招招手说："太阳，你好！"中午，太阳升得高高的，向日葵抬起头，对太阳说："太阳，你好！"小朋友们，你们要说什么呢？

幼：向日葵，你好！

● 出谜语引出主题

师：高高个儿一身青，金黄圆脸喜盈盈，天天对着太阳笑，结的果实数不清。（谜底：向日葵）

教师引导幼儿观察向日葵的外形特征：脸庞是圆圆的，花盘上布满了一个个小房间，里面住着葵花籽，花盘的周围有许多半圆形花瓣。

● 认识向日葵

师：瞧，今天每组的桌上都放了一盆什么植物呢？（向日葵）谁来说说向日葵都由哪几部分组成？

幼：茎、叶子、花托、花瓣、花盘。

师：真棒，能说出向日葵所有的组成部分。接下来请小朋友们再从不同角度看看向日葵，它们的形状一样吗？哪里不一样？

（让幼儿观赏向日葵，从不同角度观察，引起幼儿对向日葵的兴趣。）

● 造型表现

用玩泥巴的游戏表现向日葵，强化动态，重点表现花瓣和人物化表情的设计。教师引导幼儿探讨向日葵的表现形式，巡视指导讨论。

● 交流展示

幼儿流动欣赏各作品并进行评价，教师对造型表现做适当点评。

活动反思

提高幼儿对陶艺创作的兴趣，发挥幼儿积极主动探索、了解向日葵的特征是本次活动的重点。活动一开始，教师以太阳慢慢升起来与向日葵互动，带领幼儿进入课题，使幼儿的注意力迅速集中起来，接着让幼儿自由观察、挑选、初步认识向日葵。在活动中引发幼儿自主探索和交往，满足幼儿自主活动和自发学习的需求。

活动实录图

活动八：坦克

活动目标

● 了解坦克的外部结构，学习用分泥、搓圆和黏合等方法制作坦克。

● 体验捏泥的快乐，乐意参与泥工活动。

● 发展幼儿的创造思维和想象力，体验陶艺制作的乐趣。

活动准备

泥、泥工板每人一份，范例坦克作品一件。

活动过程

● 图片导入

让幼儿观察，并说说坦克的外部结构。知道坦克各部分的名称：坦克身、舱、大炮、轮子。

● 欣赏范例坦克

让幼儿观察欣赏，进一步了解坦克的基本结构。

● 示范讲解

分泥：根据坦克各部分大小进行分泥，共分成大小不等的几份，将最大的一块作坦克身。

泥塑方法：先把泥团搓、压成长方体，再把泥团分别捏成小的椭圆体叠放在坦克身中间。用小棒或油泥做成炮筒。用泥团分别捏成小的圆体叠放在坦克身下面做轮子。

● 动手制作

鼓励幼儿大胆配色，启发幼儿创意制作。

● 展示与欣赏

将幼儿作品展于手工区，供大家欣赏并进行评价。

活动反思

　　对于陶艺活动，教师要让幼儿大胆尝试，从操作中获得知识，这样比只靠教师的传授更能调动幼儿学习的积极性。同时，幼儿获得的知识更直观，尤其是对于中、大班的幼儿来说，更要相信幼儿的能力，教师要多放手，而且教师选择的主题内容要贴近幼儿的生活，这样才能更好地激发幼儿对科学活动的兴趣，使幼儿在玩中学习，获取更多的知识。

活动实录图

活动九：有趣的脸谱

活动目标

● 运用贴压、衔接和搓条等技能，大胆地动手动脑进行创作，塑造有趣的脸谱。

● 通过团、捏、搓和压的动作，锻炼幼儿小肌肉的灵活性、左右手的协调性，培养幼儿的创造思维、想象能力和动手能力。

● 通过活动，体验陶艺活动的乐趣。遵守操作规则，养成良好的活动习惯。

活动重难点

重点：运用贴压、衔接和搓条的技能，大胆地动手动脑进行创作，塑造有趣的脸谱。

难点：初步观察和学习人的脸形和五官结构，塑造不同表情的脸谱。

活动准备

1.每人一团陶泥、一个工具篮（内装一块陶艺板、一个陶拍、一根碾辊、一把刮刀、一杯泥浆、一支毛笔、一把毛刷等等）。

2.绘画课中幼儿的脸谱作品；陶艺成品；多媒体课件。

活动过程

● 活动引入，激发兴趣

师：这些是小朋友们画的脸谱。让我们一起来看看。

引导幼儿说说不同脸谱的特征，让幼儿知道每种脸谱的五官都类似，有个别差异，才会有人物特色。

● 出示课件，欣赏作品

师：你喜欢哪张脸谱？为什么？这张脸谱的表情是怎样的？他这么打扮是

准备去干什么？你们想用陶泥来把他表现出来吗？（进一步激发幼儿的兴趣）

● 介绍陶泥及制陶基础工具

师：小朋友们，你们看到桌上的工具篮了吗？里面有好多工具，它们能帮助我们制作出更多更好的陶艺作品，让我们来认识一下吧！

教师介绍制陶工具并示范操作方法。

陶拍：是用木头做的，在作品成型时用来修整形状，或拍打泥板、泥面等，如果没有陶拍，我们可以用方木块来代替。

碾锟：是用光滑的硬木做成的，用来压泥板和泥片，像擀面杖的样子。

泥浆：就像我们做手工时要用的胶水，可以将整个陶泥黏合起来。

毛刷：是我们在制作陶艺作品中涂抹、修补、上颜色时用的。

刮刀和修形刀：通常也是木制的，也可用塑料或其他材料制成，是手工成型的基本工具。

● 幼儿制作，教师指导

师：接下来我们就用泥来做有趣的脸谱。你们想做什么样的脸谱？打算怎么做？

师：请小朋友们注意保持安静。在制作陶艺作品和使用工具时要注意安全，不要伤到手。完成后请小朋友们洗手，可以去欣赏其他小朋友的作品，和同伴说说谁的脸谱做得最有趣，你最喜欢谁做的脸谱，为什么？

教师指导重点：能力强的幼儿，教师主要引导幼儿发挥想象，塑造出有特色的人物形象；能力一般的幼儿，教师指导幼儿运用贴压、衔接和搓条的技能进行塑造；能力较弱的幼儿，教师鼓励幼儿坚持完成塑造活动。

● 展评作品

从作品的整洁度和作品的表情、发型等方面进行评价。

师：让我们来看看谁做的脸谱表情最有趣、发型最与众不同！

先请个别幼儿学习评价其他幼儿的作品。教师选出好的、一般的、有进步的作品各一个，进行评价。

● 整理及延伸

请值日生与保育员一起整理活动室。将工具集中放入篮子。将剩余的土置于托盘，可作下次活动使用。

师：接下来请值日生留下来和阿姨一起整理巧手坊。还有许多有趣的脸谱，我们可以到班级的美工区再欣赏。

活动反思

　　本次活动，教师在活动前布置幼儿观察同伴的笑脸，带领幼儿做表情游戏，了解各类脸部器官。多途径收集图片、实物等资料并提供给幼儿，让幼儿进行欣赏，充分了解制作内容。这样的教学对教师来说不仅缩短了教学时间，还提高了教学效率；对幼儿来说，既丰富了欣赏内容，又增加了欣赏兴趣，还培养了欣赏能力，更激发了创作欲望。同时，教师以脸部知识问答引导幼儿进行讨论，这大大扩容了教学信息量，扩大了幼儿的知识面和想象空间。

活动实录图

活动十：园林假山

活动目标

● 了解假山石背后的文化知识。

● 提高泥塑造型能力，培养幼儿的审美艺术感。

● 让幼儿热爱生活、热爱自然。

● 了解假山石在园林景观中的地位以及小型假山石的镇纸作用（书法中）。学习假山石的泥塑成型方法。

活动准备

泥、泥工板每人一份，陶泥、工具、毛巾和海绵球等。

活动过程

● 导入

用石头剪刀布的游戏引入石头的概念，询问幼儿对石头的印象。

● 介绍太湖石

太湖石为我国古代著名四大玩石之一，因产于太湖而得名。太湖石的特点："皱、瘦、漏、透"，所谓"皱"是石上的纹理；所谓"瘦"，是指石身要苗条修长；"透"和"漏"，专指石身上横向和纵向的洞窍。

教师拿出假山石的图片，引导幼儿观察图中假山石的特点（瘦长形）。发起讨论：矮胖型的假山石与瘦高型的假山石，两者的共同特点是什么？（有很多洞）

● 示范制作

取一坨泥巴，用捏、按等技法随意造出假山石的大体形状。用大拇指和食指捏出假山石的边缘。用工具在假山石上面掏洞造型，捏出有艺术感的假山石。

● 拓展思路，幼儿创作

引导幼儿说一说要制作怎样的园林假山？鼓励幼儿大胆发挥想象，表达心中所想；鼓励幼儿大胆创作。

幼儿创作，教师巡回指导。请幼儿给自己的作品取名，互相进行评价对比，找出最漂亮的园林假山。

活动反思

优点：问题是学习的开端，也是了解幼儿的窗口。幼儿在活动中发现问题、提出问题、解决问题的过程就是他们学习发展的过程，也是他们积极思维、发展个性、培养良好学习态度和方法的过程。

不足：由于前期经验铺垫不够充分，有的幼儿因为对制作假山不是很熟练，所以即使观察示范作品也没有得到成功的体验。

在本次活动中，幼儿在活动中能够发现问题、提出问题是活动的闪光点，教师能抓住这些教育契机及时引导幼儿主动探究。

活动实录图

（本课指导教师：雷尊明）

宝贝厨房

● 年级组：中班、大班

日常生活中少不了美食，随着物质水平的提高，我们对美食有了更高的要求。在这次课程中，我园为幼儿安排了宝贝厨房活动，让幼儿能够在活动中体会到制作美食是一件温暖他人的事情，激发幼儿对宝贝厨房的喜爱，培养幼儿热爱厨房、享受烹饪的乐趣，增强团队协作意识。

活动一：认识宝贝厨房

活动目标

● 认识宝贝厨房的工具，如电饭锅、电饼铛、夹子、盘子等，以及它们的安全使用方法。

● 明白厨师讲究卫生的重要性，学会正确穿戴工作服。

● 知道制作美食是一件温暖他人的事情，激发幼儿对宝贝厨房的喜爱。

活动准备

厨房用具 ：电饭锅、电饼铛、夹子、盘子等。

厨师服装 ：围裙、帽子、袖套。

活动重难点

重点 ：认识宝贝厨房的工具及作用，如电饭锅、电饼铛、夹子、盘子等。

难点 ：明白厨师讲究卫生的重要性，学会正确穿戴工作服。

活动过程

● 谈话导入

师：小朋友们，大家好！我是宝贝厨房的程老师，欢迎大家来到宝贝厨房社团！这学期就由我和大家一起学习制作美食。老师想问问大家为什么加入宝贝厨房呢？

请幼儿举手起来说一说自己选择宝贝厨房的原因。

● 了解厨师的工作

了解厨师 ：

师：在厨房给大家制作美食的工作人员被称为厨师，请大家说一说你对厨师的了解。

请幼儿举手回答，说一说厨师主要做些什么事情，需要注意什么？

说一说厨师要注重哪些习惯？

引导幼儿讨论后回答出厨师个人卫生和厨房用具卫生。

厨师不仅要会使用各种食材、厨具做出美食，还要对卫生有更高的要求。一名合格的厨师一定要讲究卫生，包括食材也要选择最新鲜的，只有这样才能保证食物的安全。

● 了解厨具，并知道安全使用的方法

出示厨房里的厨具：电饭锅、电饼铛、夹子、盘子等，请幼儿说一说它们的名称和正确的使用方法，教师补充。

教师小结：厨房里的安全也是非常重要的，请小朋友们一定要按照老师的要求来操作用具，不可以玩闹。

● 学习正确穿戴工作服

师：以后你们就是小厨师了！你们制作美食时也要穿上工作服。

教师出示帽子、围裙等工作服，并示范正确的穿戴方法。给幼儿分发工作服，让幼儿互相帮忙穿上工作服。

● 观看视频《厨师的工作》

师幼共同观看视频，让幼儿充分了解厨师的日常工作，知道制作美食是一件温暖他人的事情，激发幼儿对宝贝厨房的喜爱

活动反思

通过这次活动，幼儿认识了宝贝厨房的工具：电饭锅、电饼铛、夹子、盘子等，还了解了安全使用厨具的方法。

在活动中教师强调作为厨师一定要讲究卫生，工作时必须穿戴工作服，必须洗干净双手。幼儿也对此深以为然，表示以后会注意个人卫生，并对以后的学习活动充满期待。

这次活动不仅让幼儿认识了宝贝厨房的工具及作用，还了解了厨师的工作。让幼儿在无形中滋生了对宝贝厨房的喜爱。在后续的活动中教师也采用了多种有趣的内容来促进幼儿对厨房的兴趣，其中包括食物的好伙伴 —— 蔬菜沙拉、凉拌西红柿、凉拌黄瓜、海苔火腿饭团、酥脆炸香蕉、香酥土豆条、牛奶鸡蛋饼、土豆泥等。让幼儿在这些活动过程中都能体会到制作美食的快乐，能够通过亲身体验厨师劳动，对烹饪的过程有自己的感受与理解，对自己的烹饪成果充满了信心和自豪感。

活动实录图

活动二：食物的好伙伴

活动目标

- 认识常见的调料，如葱、姜、蒜、油、盐、糖和醋等。
- 了解各种调料的味道，发展幼儿感官。
- 激发幼儿对制作美食的兴趣。

活动重难点

重点：了解各种调料的味道，发展幼儿感官。

难点：认识常见的调料，如葱、姜、蒜、油、盐、糖和醋等。

活动准备

葱、姜、蒜、油、盐、糖和醋等，几盘不同味道的凉拌粉丝。

活动过程

- 导入主题

师：小朋友们，大家好！我知道大家都想做一名优秀的小厨师，那么你们必须要眼睛亮、鼻子尖、嘴巴灵，这样才能做一名优秀的小厨师。今天程老师给大家带来了几个小考验，下面我们就来一起闯关吧。

- 第一关：眼睛的考验

教师出示常用的蔬菜类调料，如小葱、蒜苗、生姜、大蒜、芹菜。请幼儿来指认调料，并说一说能用在什么菜里。幼儿举手回答，教师作纠正和补充。

- 第二关：鼻子的考验

教师出示一碗醋和一碗酱油，请幼儿尝试进行分辨，并说一说自己是如何判断的。

- 第三关：嘴巴的考验

师：第三关分为两项，第一项是尝一尝分辨糖和盐。

（幼儿分辨糖和盐，教师引导幼儿说一说自己是怎么分辨的。）

师：第三关的第二项要给大家增加难度了，我准备了三盘凉拌粉丝，现在请小朋友来尝一尝，说一说你尝到了什么调料的味道？

分别请幼儿来尝这三盘加了大蒜、姜丝和小葱的酸、甜、咸口味的粉丝，让幼儿说一说吃到了哪些调料。

● **教师小结**

师：三关的考验我们都通过啦！小朋友们本领真大，眼睛很亮，鼻子很尖，嘴巴也特别灵，把这些调料都找出来啦。小葱、大蒜、生姜它们都是食物的好伙伴，把它们加在菜里可以让菜的味道更美味。

活动反思

本次活动让幼儿通过闯关的形式认识了各种常用的调料，并且通过看一看、闻一闻、尝一尝的方式体验了各种调料的味道，也辨别了常见的调料，让他们很有成就感。活动中幼儿热情高涨，活动氛围活跃，个个都能积极参与其中。教师在活动中也注意了幼儿卫生习惯的培养，引导幼儿用勺子或者筷子来进餐。

活动实录图

活动三：蔬菜沙拉

活动目标

- 让幼儿认识生菜、紫甘蓝、圣女果，了解它们的营养价值。
- 学会用餐刀切蔬菜，制作蔬菜沙拉。
- 在活动中分享劳动果实，体验劳动的快乐。

活动准备

1.生菜、紫甘蓝、圣女果若干，沙拉酱、餐刀、菜板、盘子 2.视频《爱吃蔬菜的小猪》。3.活动前穿好工作服。

活动重难点

重点：让幼儿认识生菜、紫甘蓝、圣女果，了解它们各自的营养价值。

难点：学会用餐刀切蔬菜。

活动过程

● 故事导入

教师播放视频《爱吃蔬菜的小猪》，请幼儿完整观看后提问。

师：小猪是吃什么长胖的？小猪后来又是怎么变瘦的？

教师小结：蔬菜富含丰富的维生素，多吃蔬菜会让人变得更加健康，也会变得更漂亮。如果大家都想变健康、变漂亮，就一起制作健康的蔬菜沙拉吧！

● 认识食材和厨具

认识食材：出示生菜、紫甘蓝、圣女果，教师引导幼儿举手发言，说一说这些食材的名字和样子，同时教师向幼儿介绍这些蔬菜的营养价值。出示沙拉酱，向幼儿介绍，沙拉酱有让蔬菜更爽口、增加食欲的作用。

认识厨具：教师示范餐刀的使用方法（使用时左手压住菜，右手拿刀柄，刀刃向下切。不可对着其他人挥舞餐刀，不可拿着餐刀走动、玩闹）。

● 制作并分享蔬菜沙拉

教师示范： 将蔬菜洗净然后将生菜、紫甘蓝切成小块，圣女果对半切，放入盘中，最后放入适量沙拉酱拌匀即可。

幼儿操作，教师从旁协助指导： 请一组幼儿清洗蔬菜，一组幼儿分发工具。幼儿拿到材料后开始操作，遇到问题举手请教老师。

分享蔬菜沙拉： 请个别幼儿展示自己的蔬菜沙拉，并分享制作方法。教师从幼儿蔬菜切块的均匀程度来点评幼儿切菜时候的表现。

● 活动结束

师幼共同整理活动室后回自己班级教室。

活动反思

本次活动通过视频导入的方式让幼儿了解了多吃蔬菜有益身体健康，通过教师的讲解也知晓了生菜、紫甘蓝、圣女果的营养价值。通过观看教师的正确示范，幼儿学会了如何使用餐刀切蔬菜。在活动中发现部分幼儿有切菜经验，部分幼儿还需多加练习刀切方法。

活动实录图

活动四：凉拌西红柿

活动目标

● 让幼儿了解西红柿的外形特征及营养价值。

● 练习切西红柿的方法，学会加糖做成凉拌西红柿。

● 愿意大胆尝试，并与同伴分享自己的菜品。

活动准备

西红柿、白糖、餐刀、菜板、盘子。

活动重难点

重点：练习切西红柿的方法，学会加糖做成凉拌西红柿。

难点：让幼儿了解西红柿的外形特征及营养价值。

活动过程

● 以谜语导入

谜语：圆圆脸儿像苹果，又酸又甜营养多，既可做菜吃，又能当水果。

请幼儿举手回答，激发幼儿对活动的兴趣。

● 观察西红柿的外形

教师出示西红柿，请幼儿来说一说它的外形。

● 西红柿的营养价值

教师讲解西红柿的营养价值：番茄的食用部位为多汁的浆果。它的品种极为丰富，按果的形状可分为圆形的、扁圆形的、长圆形的和尖圆形的；按果皮的颜色分，有大红的、粉红的、橙红的和黄色的。吃生的能补充维生素C，吃煮熟的能补充抗氧化剂，具有明显的美容效果。

● 制作并分享凉拌西红柿

教师示范，幼儿认真学习：先将西红柿洗净，然后对半切开，分别切片，切好后放入盘中。放入适量白糖拌匀即可。

幼儿操作，教师从旁协助指导：请一组幼儿清洗西红柿，一组幼儿分发工具。幼儿拿到材料后开始操作，遇到问题请举手示意。

强调餐刀使用方法：使用时左手压住菜，右手拿刀柄，刀刃向下切。不可对着其他人挥舞餐刀，不可拿着餐刀走动、玩闹。

分享作品：请个别幼儿分享自己的切片方法和摆盘造型。教师从幼儿西红柿切片的均匀程度和摆盘特点来点评幼儿的凉拌西红柿。

● 活动结束

师幼共同整理活动室后回自己班级教室。

活动反思

本次活动我们制作了凉拌西红柿这道酸甜可口又解暑的菜，幼儿都非常喜欢。在活动中他们不仅知道了西红柿的营养价值，还练习了切菜的技能，今天就没有幼儿用刀背来切了。有个别幼儿还把西红柿片当成花瓣摆成了一朵花，表现出他们爱动脑筋的特点。

活动实录图

活动五：凉拌黄瓜

活动目标

● 让幼儿了解黄瓜的外形特征及营养价值。

● 练习切黄瓜片、切姜丝、拌调料的技能。

● 体验制作菜品的乐趣。

活动准备

1.黄瓜、生姜、大蒜、香油、盐、酱油、醋、餐刀、菜板、盘子。2.活动前穿好工作服。

活动重难点

重点：练习切黄瓜片、切姜丝、拌调料的技能。

难点：让幼儿了解黄瓜的外形特征及营养价值。

活动过程

● 以谜语导入

谜语：身体瘦又长，有绿又有黄，浑身长满刺，吃着脆又香。

请幼儿举手回答，激发幼儿对活动的兴趣。

教师出示黄瓜请幼儿运用各种感官来观察。

师：用手摸一摸，有什么感觉？用眼睛看一看，什么颜色？什么形状？

请幼儿说说黄瓜的营养价值，教师补充总结。

● 了解黄瓜的外形和营养价值

黄瓜富含蛋白质、糖类、维生素B2、维生素C、维生素E、胡萝卜素、尼克酸、钙、磷、铁等营养成分，还有顺发亮甲、美容养颜、预防糖尿病和减少脂肪的作用。

● 制作并分享凉拌黄瓜

教师示范：将黄瓜、生姜洗净，大蒜剥皮。将黄瓜切片、生姜切丝、大蒜压碎切成蒜粒后放入盘中。幼儿注意观看生姜切丝和大蒜压碎的方法。在黄瓜上放入适量姜丝、蒜粒、盐、酱油、香油拌匀即可。

幼儿操作，教师从旁协助指导：请一组幼儿洗黄瓜，一组洗生姜和剥蒜，一组分发工具。幼儿拿到材料后开始操作，遇到问题举手请教老师。教师再次强调餐刀的安全使用。

分享凉拌黄瓜：请幼儿展示凉拌黄瓜的摆盘，分享切片方法和摆盘造型。教师从幼儿黄瓜切片的均匀程度、味道和摆盘特点来点评幼儿的凉拌黄瓜。

● 活动结束

师幼共同整理活动室后回自己班级教室。

活动反思

本次活动幼儿不仅学习了做凉拌黄瓜，还爱上了这道菜。对凉拌菜的调料也有了一定的认知，知道了凉拌菜加上姜、蒜、香油之后会更美味。

活动实录图

活动六：海苔火腿饭团

活动目标

- 了解海苔的产地及营养价值。
- 练习制作海苔拌饭并捏成饭团，发展幼儿手部的精细动作。
- 体验制作海苔饭团的成就感。

活动准备

1.芝麻海苔、火腿、米饭、油、盐、餐刀、菜板、盘子，2.活动前穿好工作服，洗好手。

活动重难点

重点：制作海苔拌饭并捏成饭团，发展幼儿手部的精细动作。

难点：了解海苔的产地及营养价值。

活动过程

- 谈话导入

师：大家说一说我们平时吃的米饭，除了和菜一起吃之外还可以怎么吃？

请幼儿讨论后举手回答，引导幼儿回答出饭团。

师：对了，我们还可以把米饭做成香香的饭团，增加你的食欲，一口气吃好几个，所以今天我们要做的美食就是海苔火腿饭团。

- 认识材料

认识食材：芝麻海苔、火腿、米饭、油、盐。

师：这些是今天的食材，我请小朋友们来认一认。

教师请幼儿来回答都有些什么材料，并说一说它的营养价值。

教师小结：海苔里面富含丰富的矿物质，维生素 A 和维生素 E，能够增强我们身体的抵抗能力，也能够帮助小朋友成长得更快，还能够帮助老人延缓衰老，但它的含盐量和味精过多，大家不可多吃。

● 制作并分享海苔饭团

师：我们来想一想，制作海苔饭团都有哪些步骤呢？

教师示范，幼儿认真学习：

1.取出两片海苔捏碎放入盘子中备用。

2.火腿先切条再切成丁。

3.将海苔碎、火腿丁加入半碗米饭中搅拌均匀后捏成圆形饭团。

4.电饼铛刷油，将饭团放入煎至两面金黄即可。

幼儿操作，教师从旁协助指导：

1.教师分发食材和厨具工具。

2.幼儿拿到材料后开始操作，遇到问题举手请教老师。

3.提醒幼儿火腿丁要切小一点，捏饭团时一定要捏紧。

4.捏好饭团交给老师煎制。

分享海苔饭团：

1.请个别幼儿说说海苔饭团的味道，分享自己的制作方法。

2.教师从幼儿制作的饭团大小和造型方面来点评幼儿的海苔饭团。

● 活动结束

师幼共同整理活动室后回自己班级教室。

活动反思

通过本次活动，让幼儿学会了制作海苔饭团的方法，幼儿都说没有味道的米饭加上了海苔和火腿就变得很美味了。

在活动过程中幼儿认真学习，积极动手操作，做的饭团形状各异，有做成三角形的，有做成星星形状的。

有一个小朋友开始捏饭团时没有用力，做的饭团散开了，跟他讨论原因后又重新制作，终于成功作出一个圆滚滚的饭团，能感受到他获得成功后的喜悦心情。

在本次活动中，教师示范之后，幼儿也在认真学习，同时教师在幼儿操作的过程中能够及时纠正幼儿的错误操作。通过这次活动，让幼儿亲身体验厨艺技巧的运用，加深了对技巧的掌握。

这次活动通过讲解、示范、操作等多种教学方法相结合来进行授课，学生可以更加直观地了解厨艺技巧的操作要领和注意事项。同时，采用了幼儿之间互相分享的方式，让他们在轻松愉快的氛围中学习厨艺技巧，提高他们的团队合作意识和创造力，同时了解了食物的营养价值和注意事项。

活动实录图

活动七：酥脆炸香蕉

活动目标

- 让幼儿知道香蕉的外形特征及营养价值。
- 练习切香蕉片并将香蕉片裹上面粉、鸡蛋液、面包糠。
- 在活动中体验劳动的快乐，分享劳动果实。

活动准备

1.香蕉、面粉、鸡蛋、面包糠、油、餐刀、菜板、盘子。2.活动前穿好工作服，洗好手。

活动重难点

重点：练习切香蕉片并用筷子夹住香蕉片裹上面粉、鸡蛋液、面包糠。

难点：让幼儿知道香蕉的外形特征及营养价值。

活动过程

- 活动介绍

师：小朋友们，今天我们要来一起制作炸香蕉，我们一起来看看需要哪些材料呢？

向幼儿展示材料：香蕉、面粉、鸡蛋、面包糠。

- 教师示范制作步骤，幼儿认真学习

1.准备好香蕉、适量的面粉和面包糠，鸡蛋打成蛋液备用。

2.将香蕉剥皮后，切成小段。

3.把香蕉段先放入面粉里滚一圈，注意两个侧面也要均匀地沾到面粉。

4.放在蛋液里再滚一次。

5.放入面包糠里再滚一圈，让香蕉段均匀蘸满面包糠。

6.把均匀裹满面包糠的香蕉段放入盘子中。

7.锅里倒入色拉油烧至八成热，把一段段蘸满面包糠的香蕉段放入油锅内炸透。

8.待香蕉段炸至两面金黄捞出沥油装盘。

活动结束收拾整理，把刀、叉、盘洗干净放回指定位置，换下厨房服装，挂整齐。活动结束，教师送幼儿回各自班级。

活动反思

通过本次活动，让幼儿知道炸香蕉需要的材料及操作步骤。在活动中，幼儿积极参与，由于厨房工具有限不能人手一份同时操作，只能依次进行操作。但幼儿能依次排队进行操作，秩序意识很强。在裹面粉和鸡蛋液时由于香蕉片较滑，部分幼儿使用筷子夹起来还有难度，后面还需多加练习。这次活动的炸香蕉比较成功，非常好吃，大家都非常喜欢。

活动实录图

活动八：香酥土豆条

活动目标

- 知道土豆的营养价值。
- 掌握切土豆条、给土豆条裹面粉的基本方法，并尝试炸土豆条。
- 珍惜每一种食物。

活动准备

1.土豆、油、盐、番茄酱、淀粉适量，餐刀、菜板、盘子。2.活动前穿好工作服，洗好手。

活动重难点

重点：掌握切土豆条、给土豆条裹面粉的基本方法，并尝试炸土豆条。

难点：知道土豆的营养价值。

活动过程

- 了解土豆

观察土豆：出示装着土豆的黑袋子，让幼儿来摸一摸，猜一猜是什么？

师：很多人都喜欢吃土豆，那你们知道土豆有什么营养吗？

幼儿讨论后再回答。

教师小结：土豆富含有丰富的淀粉，能为人体增加饱腹感，提供能量；含有丰富的蛋白质，能为人体补充营养，可以提高机体免疫力；含有丰富的膳食纤维，可以促进体内毒素残渣的排出，起到润肠通便，缓解便秘，预防肠道疾病的作用。

- 介绍做法及注意事项

师：那平常在家里家人是把土豆做成什么菜给你们吃的呢？

教师引导幼儿回答土豆丝、红烧土豆、土豆片等，借此引发幼儿的谈话兴趣、丰富幼儿的生活经验，同时引出土豆的新吃法"炸土豆条"。

师：今天我们一起来尝试一种土豆的新吃法——炸土豆条。

师：我们要先把土豆洗干净，再把土豆切成条，不能太粗也不能太细。在土豆条里放点盐然后加上淀粉搅拌均匀。在锅里放油，油温升高后放入土豆条炸至金黄捞出。摆在盘子里，蘸上番茄酱即可食用。

幼儿操作，教师巡回指导：幼儿在切土豆条时，教师要注意每个人的安全，不要切到手。在用油时，避免油溅出来烫伤幼儿，要把火调到最小或这一步由教师来操作。

师：孩子们，我们一起来品尝一下自己制作的美味炸土豆条吧！

● 活动结束

请幼儿清洗餐具，将清洗干净的餐具放到相应的位置，保持干净整洁。送社团幼儿有序回到所在班级。

活动反思

通过本次活动，让幼儿知道了土豆的营养价值，还学会了炸土豆的方法。在活动中，由于餐刀不是很锋利，导致切生土豆十分困难，大部分幼儿都切不动，纷纷寻求教师的帮助。但还是有几位小朋友切了几刀之后摸索出了技巧，切出了均匀的土豆条。

总结时教师对这几位幼儿进行了表扬，鼓励其他幼儿向他们学习。以后的活动教师要注意食材的软硬度，太硬的食材可以先煮再切。

这次活动开始的时候，采用观察的方式已经让幼儿了解了土豆的特征、食用注意事项和基本营养价值。

在制作香酥土豆条的过程中，多提醒幼儿在使用刀具的时候注意安全。香酥土豆条做好了之后，让幼儿品尝自己制作的香酥土豆条，鼓励他们分享给其他幼儿。

引导幼儿讨论口感和味道，了解不同调料对食物的影响。互相分享自己的制作方法，这是为了培养幼儿的动手能力和团队合作能力，鼓励幼儿在家中尝试制作香酥土豆条，与家人分享。

通过本次活动，激发幼儿对食物的兴趣和爱好，体会了在制作美食过程中的快乐。通过实际操作，幼儿能够学会使用简单的烹饪工具，提高他们的生活技能。

活动实录图

活动九：牛奶鸡蛋饼

活动目标

● 让幼儿了解牛奶鸡蛋饼的做法及营养价值。

● 尝试打鸡蛋，学会用筷子调面糊，在活动过程中体验劳动的快乐。

活动准备

面粉、牛奶、油、盐、糖适量。

活动重难点

重点：让幼儿了解牛奶鸡蛋饼的做法。

难点：学会用勺子搅拌面粉、鸡蛋、牛奶、糖。

活动过程

● 准备活动

请幼儿穿好围裙，戴好帽子和袖套，洗好手。

● 牛奶鸡蛋饼制作步骤

1. 准备食材：鸡蛋4个、面粉150克、盐2克、糖和牛奶适量。

2. 将面粉、鸡蛋、糖一起放入盆中，搅拌均匀。

3. 加入适量的牛奶，搅拌至没有颗粒，面糊像酸奶一样浓稠。

4. 把平底锅烧热，薄薄抹一层食用油。

5. 舀一勺面糊倒入锅中，轻轻地转动锅，让面糊均匀地摊开，待表面凝结后，翻面，再烙30秒。

● 教师示范，幼儿讨论

教师在做牛奶鸡蛋饼时边做边介绍步骤，在幼儿掌握操作步骤时，请幼儿来完成。幼儿完成之后，请幼儿分享自己制作的牛奶鸡蛋饼。

● **收拾整理**

把刀、叉、盘清洗干净放回指定位置，换下厨房服装，挂整齐。

活动结束，送幼儿回各自班级。

活动反思

通过本次活动，让幼儿学会用筷子搅拌面粉、鸡蛋、牛奶、盐，体验劳动的快乐。在活动中部分幼儿在搅拌时不知轻重，还有幼儿把面粉搅拌出去的，在活动时要多提醒幼儿注意掌握力度。

在这次活动中，幼儿了解了牛奶鸡蛋饼的营养价值，也知道了制作步骤。通过交流和分享，可以提升幼儿做牛奶鸡蛋饼的熟练度。

活动实录图

活动十：土豆泥

活动目标

● 了解土豆的基本烹饪方法。

● 让幼儿在活动的过程中练习剥、压、捻、按等动作，学会制作土豆泥。

● 在制作的过程中能够互帮互助，在品尝的过程中能够体会分享的快乐。

活动准备

土豆、盐、油。

活动重难点

重点：了解土豆的基本烹饪方法。

难点：让幼儿在活动的过程中练习剥、压、捻、按等动作，学会制作土豆泥。

活动过程

● 谈话导入

让幼儿谈一谈平常在家里和幼儿园吃到的土豆都有什么样的做法。

师：孩子们，你们喜欢吃土豆吗？

师：那平常在家里家人是把土豆做成什么菜给你们吃的呢？（土豆丝、红烧土豆、土豆片）借此引发幼儿的谈话兴趣、丰富幼儿的生活经验，同时引出土豆的新吃法 —— 土豆泥。

师：今天我们一起来尝试一种土豆的新吃法 —— 土豆泥吧！

● 介绍做法及注意事项

介绍方法：我们先把土豆洗干净，放进锅里蒸熟。再把蒸熟的土豆放到盘子里，用勺子压碎，加入食盐然后搅拌均匀。接着在锅里放点油，盐少一点，黑胡椒、蚝油、湿淀粉调成汁。用勺子挖出土豆泥，做成好看的形状，最后再把汁浇上去。

在做土豆泥时，教师要注意每个幼儿的安全。

● **活动结束**

师：孩子们，我们一起来品尝一下自己制作的美味土豆泥吧！

教师引导幼儿清洗餐具，并将洗干净的餐具放到相应的位置，打扫厨房卫生，保持干净整洁。送社团孩子回所在班级。

活动反思

通过本次活动，幼儿知道了土豆的营养价值；了解了土豆的基本烹饪方法，学会了制作土豆泥；培养了劳动的技能和观念；让幼儿在活动的过程中练习剥、压、捻、按等动作；幼儿在制作的过程中能够互帮互助，在品尝的过程中体会分享。幼儿在操作的过程中遇到问题会想办法解决，由于勺子压土豆泥的效果不是很好，很多幼儿主动把土豆装到食品袋里用手压效果会好很多。

活动实录图

（本课指导老师：程琳、黄铁军）

雅韵天籁 非洲鼓

● 年级组：中班、大班

　　非洲音乐中最突出、最主要的因素是节奏，鼓正是非洲音乐节奏的基础和表达音乐语言的一种重要乐器，鼓在非洲人民生活中的重要地位是任何其他乐器都无法比拟的。我园采用幼儿感兴趣的学习方式，让幼儿在这次课程中，了解非洲鼓的起源，建立对非洲鼓的兴趣，感受非洲鼓独特的音色魅力。

活动一：初识非洲鼓

活动目标

- 初步认识非洲鼓。
- 建立正确的持鼓姿势。
- 对非洲鼓感兴趣。

活动准备

每人一个非洲鼓、场地准备、多媒体课件。

活动过程

- **初识非洲鼓**

教师介绍非洲鼓，引导幼儿认识非洲鼓和了解非洲鼓的来历。

师：非洲鼓起源于 13 世纪曼丁人建立的马利王朝，可以回溯到公元 500 年以前或更久。最初是由铁匠们手工制造的，它的形状来源于捣碎杂粮的臼。手鼓掌握着节奏，而节奏在人们的生活中无时不在。生活在非洲西部的曼丁族人，天性乐观，在劳动和生活中不断地歌唱，用他们那天才的音乐情感表达着快乐。

认识鼓面：击打鼓面，分辨不同区域代表的音色。红色区域为低音区，蓝色区域为中音区，黄色区域为高音区。

- **学习持鼓姿势口诀，教师纠正持鼓坐姿**

口诀：凳子坐在二分一，双脚向前夹鼓底。鼓面前倾像滑梯，背部挺直要牢记。

- **自由演奏**

师：今天我们认识了非洲鼓，现在请小朋友们用非洲鼓自由演奏吧，我们一起来感受非洲鼓带来的乐趣。

- **活动结束**

幼儿整理鼓包，把鼓装回鼓包里。

活动反思

在社团活动中，幼儿拿到鼓后一直很兴奋地拍鼓，导致活动纪律有点混乱。幼儿拍鼓的声音比较大，教师的讲课声音有点小，有几位幼儿没有听到教师的要求。在之后的活动中，教师要先强调好规则再进行活动，以免幼儿后面听不清要求。

活动实录图

活动二：《中秋》

活动目标

- 进一步认识非洲鼓。
- 建立正确的持鼓姿势。
- 有节奏地朗诵童谣《中秋》。

活动准备

每人一个非洲鼓、场地准备、多媒体课件。

活动过程

- 复习导入

复习非洲鼓的来历。

认识鼓面：击打鼓面，分辨不同区域代表的音色。红色区域为低音区，蓝色区域为中音区，黄色区域为高音区。

- 基本手法训练

四指并拢，大拇指张开，双手快速拍打鼓中间位置(为低音区)"咚咚咚"。

- 学习持鼓姿势口诀，教师纠正持鼓坐姿

口诀：凳子坐在二分一，双脚向前夹鼓底。鼓面前倾像滑梯，背部挺直要牢记。

- 学习童谣《中秋》

什么圆圆挂天边；月儿圆圆挂天边。

什么圆圆甜又甜；饼儿圆圆甜又甜。

什么圆圆笑开颜；脸儿圆圆笑开颜。

- 活动结束

幼儿表演朗诵童谣《中秋》，活动结束之后，安排幼儿回到各自班级。

活动反思

在活动中，幼儿的持鼓姿势有进步，在学习童谣《中秋》时，部分幼儿能跟随节奏拍鼓，有个别幼儿在拍鼓时节奏不对，沉浸在自己的世界里乱拍。教师作出停止拍鼓手势时，有几位幼儿还是不能迅速停下来，需要教师多次强调，在之后的活动中应该注意强调幼儿遵守活动秩序。

活动实录图

活动三：《外星人》

活动目标

- 学习四分附点节奏。
- 能跟随音乐演奏《外星人》。
- 通过标准姿势养成良好的坐姿。

活动准备

每人一个非洲鼓、场地准备、多媒体课件。

活动过程

- **热身活动**

小鼓响起来，幼儿双手快速拍打鼓面。教师说"变"随机变换各种动作。

- **基础部分**

欣赏故事《非洲鼓派对》：

师：有哪些朋友来了啊？

再次欣赏故事。

学习音乐《外星人》：

1. 师幼共同欣赏音乐《外星人》。

2. 幼儿自由跟随节奏拍鼓。

音乐开始：外星人飞来了哦。

音乐结束：外星人飞走了。

3. 逐句学习《外星人》节奏。

- **活动结束**

师：摸摸小鼓说再见吧！

幼儿整理鼓包，把鼓装回鼓包里。

活动反思

　　在前两次的活动中引导幼儿对非洲鼓有了基本认识，并让他们对非洲文化有了初步了解。本次活动部分拿到鼓的幼儿一顿乱拍，还有幼儿抱着鼓跑来跑去。在欣赏故事《非洲鼓派对》时大家都能认真倾听，并回答教师的问题。当音乐《外星人》响起时，幼儿迅速起身，希望第一个拿到鼓。教师让幼儿跟随音乐节奏自由练习拍鼓，有几位幼儿需要教师多次提醒，但效果并不明显。以后教师在组织活动前，要及时地强调活动规则，对于拍鼓及乱跑的幼儿，要求取鼓听音乐，有序取鼓，引导幼儿坐在椅子上与教师共同学习拍鼓。

活动实录图

活动四：《布谷鸟》

活动目标

- 掌握 4/4 拍节奏型，学会欢快的节奏、旋律。
- 听音乐打节奏，根据已有经验，创编新的节奏，串联新的节奏动作。
- 体验节奏游戏的乐趣，感受节奏型的多样和有趣。

活动准备

音乐《布谷鸟》、图谱。

活动过程

- **热身活动**

小鼓响起来，幼儿双手快速拍打鼓面。教师说"变"随机变换各种动作。

- **基础部分**

导入：介绍布谷鸟，出示布谷鸟图片，引起幼儿兴趣。

师：今天老师带来了一只小鸟，它的名字叫布谷鸟。看看它在干什么？（幼儿回答）

小结：这只布谷鸟非常活泼，很喜欢唱歌跳舞。

欣赏：听它在唱些什么，听听有什么感受？

师：你们听过吗？听了有什么感觉？

打节奏：欣赏乐曲，随乐曲打节奏。

幼儿自由跟随乐曲节奏拍鼓。看图谱打节奏，出示图谱。

师：布谷鸟们做的什么动作？（拍手）

师：是呀，只有拍手，它们不会其他的动作，需要小朋友帮忙教它们做不同的动作。

师：可以做什么动作？

创编：出示空图谱，创编节奏型。

师：我们把它编进图谱里，做一做。

师：想想还可以怎么变？

1.出示音乐图谱框架，幼儿分组创编。

师：请两人为一组设计图谱、创编节拍动作。大家自己设计好图谱，编动作，做一做，一会儿请你们来展示。

2.幼儿根据自己设计的图谱分组上台展示。

师：我们来看看每组设计的图谱。

● 活动结束

师：摸摸小鼓说再见吧。

幼儿整理鼓包，把鼓装回鼓包里。

活动反思

在音乐游戏中，幼儿对《布谷鸟》这首节奏欢快的歌曲很感兴趣，活动开始，教师让幼儿自己根据音乐表现出节奏，大部分幼儿都能随音乐打出节奏，利用图谱的形式，更好地帮助幼儿理解音乐的节奏类型，幼儿的活动参与度也提高了。

出示空图谱，教师引导幼儿观察空图谱上的节拍和音符，让他们了解音乐的基本结构。然后，鼓励幼儿结合自己的生活经验和想象力，创作出独特的节拍动作。

在进行创编的过程中，教师关注每个幼儿的表现，给予充分的肯定和鼓励，激发他们的自信心。同时，引导幼儿互相欣赏、学习同伴的优点，促进团队合作精神。在作品展示环节，让每个小组依次展示自创的图谱，大家共同欣赏、评价，提高幼儿的审美能力和评价能力。

活动结束后，教师带领幼儿进行总结回顾，让他们反思自己在创编过程中的收获和不足，培养幼儿自我评价和反思的能力。同时，为下一阶段的音乐活动作铺垫，引导幼儿继续探索音乐的奥秘，提升音乐素养。

活动实录图

活动五：《小松鼠进行曲》

活动目标

● 掌握八分音符和四分音符的节奏组合。

● 学习练习曲《小松鼠进行曲》。

● 通过标准姿势养成良好的坐姿。

活动准备

每人一个非洲鼓、场地准备、多媒体课件。

活动过程

● 热身活动

小鼓响起来，幼儿双手快速拍打鼓面，教师说"变"随机变成各种动作。

● 基础部分

认识八分音符 titi：

师：小朋友们，大家看到鼓面上 ram sam sam 的位置，这里发出来的声音是 titi，大家打一下试试吧。

欣赏《小松鼠进行曲》：

1.师幼共同欣赏音乐《小松鼠进行曲》。

2.幼儿自由跟随节奏拍鼓。

师：小松鼠跑起来是怎样的？

幼儿自由用肢体表现（可跺脚、拍手、拍肩、拍鼓）。

教师小结：宝贝们真棒！小松鼠跑起来的节奏是 titi ta。

学习八分音符加四分音符节奏 titi ta。

逐句学习《小松鼠进行曲》节奏。

● 活动结束

幼儿整理鼓包，把鼓装回鼓包里。

活动反思

　　在聆听《小松鼠进行曲》时，幼儿都能专心致志地欣赏，并积极回答教师提出的问题。尽管教师引导幼儿跟随音乐的节奏练习敲鼓，但仍有几个幼儿随意敲击。教师多次提醒，但似乎并未产生显著效果。为了改善这一情况，在未来的活动中，教师应当在活动开始前就明确活动规则，指导幼儿在音乐声中有序地取鼓，并引导他们坐在椅子上，与教师一起学习正确的敲鼓方式。

活动实录图

活动六：《生日歌》

活动目标

- 学习《生日歌》，能边唱歌边做动作。
- 巩固并复习八分音符和四分音符的节奏组合。
- 在聆听音乐中锻炼专注力。

活动准备

每人一个非洲鼓、场地准备、多媒体课件。

活动过程

- **热身活动**

小鼓响起来，幼儿双手快速拍打鼓面，教师说"变"随机变成各种动作。

- **基础部分**

复习八分音符 titi：

师：小朋友们，大家还记得发出 titi 声音的位置吗？大家打一下试试看。

欣赏《生日歌》：

1.师幼共同欣赏音乐《生日歌》。

2.幼儿自由跟随节奏拍鼓。

师：这首歌你们听过吗，节奏是怎样的？

幼儿自由用肢体表现（可跺脚、拍手、拍肩、拍鼓）。

巩固八分音符加四分音符节奏 titi ta：

师：《生日歌》的节奏跟《小松鼠进行曲》是一样的 titi ta。

逐句学习《生日歌》节奏。

幼儿表演歌曲《生日歌》。

- **活动结束**

幼儿整理鼓包，把鼓装回鼓包里。

活动反思

　　由于社团活动是中班、大班幼儿混龄，在活动中，大班的幼儿能快速听懂教师的口令及手势，同时做出相应动作，而中班幼儿年龄相对较小，在进行拍打非洲鼓时，手势不正确，双脚夹非洲鼓时容易滑落，个别幼儿甚至直接将非洲鼓放在地上拍打，没有保持正确的持鼓姿势。在练习节奏"titi ta"时大部分幼儿能拍打出正确的节奏，有几位幼儿左右手不配合，导致节奏混乱。在活动开始时教师花费了大量时间去调整幼儿的持鼓姿势，浪费了太多时间。

活动实录图

活动七：小小指挥家

活动目标

- 感知体验休止符。
- 感受音乐的乐趣。
- 能快速反应出音乐停顿的节奏点。

活动准备

每人一个非洲鼓、场地准备、多媒体课件。

活动过程

- **热身运动**

小鼓响起来，幼儿双手快速拍打鼓面，教师说"变"随机变成各种动作。

- **基础部分**

认识休止符号：

教师出示课件，幼儿观察休止符的形状。

师：小朋友们，这个符号像什么？（闪电）

师：这个像闪电的符号有一个好听的名字，叫休止符，看到它就要停下来休息一会儿。

感受休止符：

播放音乐，教师带领幼儿在音乐中共同感受休止符。

我是小小指挥家：

师：我们刚刚感受了休止符，有没有小朋友愿意上台当小小指挥家呢？

播放音乐，幼儿识别符号进行指挥。

- **活动结束**

幼儿整理鼓包，把鼓装回鼓包里。

活动反思

　　本次社团活动的目的是让幼儿认识并掌握休止符的停顿节奏点，通过图谱，以"闪电"的方式让幼儿直观地了解休止符的形状。大部分幼儿看到闪电符号后都能快速作出反应停顿，再选幼儿上台当小小指挥家时，他们都争先恐后地想要表现自己。本次活动幼儿都能展示自己，达到了预期目标。

活动实录图

活动八：《小星星洗澡》1

活动目标

- 学习四三拍节奏。
- 随音乐齐唱《小星星洗澡》。
- 感知体验声音的特性。

活动准备

每人一个非洲鼓、场地准备、多媒体课件。

活动过程

- **热身活动**

双手交替压压手指，搓搓小手，让小手暖和起来；小鼓响起来，幼儿双手快速拍打鼓面，教师说"变"随机变成各种动作。

- **基础部分**

情景导入：

师：小星星在天空中一蹦一跳地跳进银河里洗澡。

师：小朋友们想象一下，星星们是怎样跳进银河里的？

（幼儿用肢体表现）

欣赏音乐《小星星洗澡》：

教师播放音乐，幼儿倾听感受。

随音乐演奏齐唱：

教师示范四三拍节奏 ta ti ta。（幼儿尝试）

播放音乐，教师带领幼儿共同拍打四三拍节奏。

- **活动结束**

幼儿整理鼓包，把鼓装回鼓包里。

活动反思

　　四三拍节奏类型是比较欢快的，幼儿听到音乐后，在自由拍打非洲鼓的时候很兴奋，当教师作出停止手势动作时，幼儿都还意犹未尽。由于中班幼儿年龄特征对左右掌握还不够熟练，年龄小点的幼儿在拍四三拍节奏时总是左右手不分，导致在合奏时动作不够整齐。教学的老师也没有进行镜面示范，在以后的活动中教师应该作出镜面示范动作，保证活动的整齐度。

活动实录图

活动九：《小星星洗澡》2

活动目标

- 巩固四三拍节奏。
- 能歌唱律动，在节奏点处拍打。
- 能肢体协调地反应出节奏类型。

活动准备

每人一个非洲鼓、场地准备、多媒体课件。

活动过程

- **热身活动**

双手交替压压手指，搓搓小手，让小手暖和起来。小鼓响起来，幼儿双手快速拍打鼓面，教师说"变"随机变成各种动作。

- **基础部分**

复习四分音符 ta 和八分音符 titi。

演奏《小星星洗澡》：

1. 教师播放音乐，幼儿跟随音乐拍非洲鼓。

幼儿演奏时教师巡回指导，纠正幼儿手势。

2. 请个别幼儿上台展示四三拍节奏 tati ta。

3. 分组合作上台展示。

教师鼓励幼儿边唱边拍非洲鼓。

- **活动结束**

幼儿整理鼓包，把鼓装回鼓包里。

活动反思

通过上次活动对四三拍节奏的学习，大部分幼儿已经掌握四三拍节奏。在本次活动中，主要是纠正幼儿的持鼓姿势以及拍鼓手势，个别幼儿在拍鼓的时候手臂没有架起来，在打鼓时手没有力气，软绵绵的，导致非洲鼓的音色没有出来，效果不佳。分组上台展示时，幼儿都能勇敢地展示自己，大胆歌唱，较好地完成了预设目标。

活动实录图

活动十：《新年好》

活动目标

● 学习歌曲《新年好》。

● 感受体验三拍子。

● 养成礼貌用语的好习惯。

活动准备

每人一个非洲鼓、场地准备、多媒体课件。

活动过程

● 热身运动

小鼓响起来，幼儿双手快速拍打鼓面。教师说"变"随机变换各种动作。

● 基础部分

复习四分音符 ta 和八分音符 titi：

师：小朋友们，"ta""titi"是从非洲鼓的哪里发出来的呢？宝贝们拍拍非洲鼓找找看。

教师播放音乐《新年好》：

1.师幼共同欣赏音乐《新年好》。

2.幼儿自由跟随节奏拍鼓。

师：这首歌你们听过吗？节奏是怎样的？

3.幼儿自由用肢体表现（可跺脚、拍手、拍肩、拍鼓）。

巩固三拍子节奏 "ta ti ta"：

逐句学习《新年好》节奏，幼儿合奏《新年好》。

● 活动结束

幼儿整理鼓包，把鼓装回鼓包里。

活动反思

本次非洲鼓活动是学习《新年好》这首歌，其实大多数幼儿都已经会唱了，因此教学这首歌并不难，难的是让幼儿在学唱这首歌的同时，了解中外不同国家和地区的人不同的过年习俗。还要引导学生认识三拍子，会用打击乐器为歌曲伴奏，能自己创编歌词和舞蹈动作进行即兴表演。

活动实录图

（本课指导老师：李世玲）

灵动舞社

● 年级组：中班、大班

　　舞蹈是艺术中的一种类型，它有不同种类、不同样式、不同风格、不同表现方式，蕴含一种独特的艺术魅力。在这次课程中，能够让幼儿感受到舞蹈和音乐的魅力，同时也能促进幼儿身体素质全面发展，养成幼儿活泼开朗的性格。

活动一：初识社团

活动目标

- 认识教师并相互认识同伴。
- 感受音乐，激发幼儿对舞蹈的兴趣，培养幼儿活泼开朗的性格。
- 能按舞蹈的节拍做动作，培养幼儿的节奏感。

活动准备

音响、活动音乐、瑜伽垫。

活动过程

- **幼儿做自我介绍**

师：小朋友们，你们认识我吗？（不认识）那老师先来做个自我介绍，让你们先认识我。老师介绍完了也请我们的社团小成员来个自我介绍，让老师认识认识你们，好吗？

- **热身运动**

游戏《泡泡糖粘哪里》，幼儿寻找其他两位小伙伴组成三人组。

播放音乐：让幼儿跟着教师做热身运动，里面包含跑、跳、走及舞姿的练习，让幼儿全身活动开。热身结束后请幼儿两两一组找到一张垫子站好。

- **形体练习、教师示范、巡回指导**

站姿练习：要求正部位，双腿夹紧。抬头挺胸收腹，手呈旁平位，坚持一首歌时间。

坐姿练习：双脚伸直坐在地面上，膝盖不能弯曲，背立直，脖子拉伸，肩膀打开，绷脚背，双手中指轻轻点地，坚持一首歌时间。

- **结束部分**

教师表扬幼儿，并奖励星星。请幼儿协助教师收垫子。有序结束活动。

活动反思

第一次上舞蹈社团是中班、大班混龄，幼儿以相互认识为主。由于在四楼大厅，场地足够大，有的幼儿是第一次到四楼大厅，对周围事物很感兴趣，都比较兴奋。刚开始活动时幼儿都围着垫子追逐跑跳，在教师说到"我们来做一个游戏"时，幼儿才跑回来。活动过程中教师介绍舞蹈的基本站姿及坐姿，许多幼儿是第一次接触，动作标准度不够，后面的活动需要多练习形体。

活动实录图

活动二：舞蹈《小花开了》

活动目标

- 能够准确地按照音乐节拍和好朋友结伴跳舞。
- 体验跳双圈集体舞的快乐。
- 感受音乐，产生对舞蹈的兴趣，养成活泼开朗的性格。

活动准备

音响、活动、跳舞音乐。

活动过程

- 热身运动

教师播放音乐，幼儿双手放在前面一个人的腰上准备开小火车，跟着教师做热身运动，里面包含跑、跳、走及舞姿的练习，让全身活动开。

- 形体练习

复习上节课的站姿、坐姿和绷脚的练习。

学习舞蹈点的方向：1点方向小雪花，2点方向长颈鹿，3点方向小白兔，4点方向小鸭子，5点方向小老虎，6点方向小老鼠，7点方向小花猫，8点方向小绵羊。

手位方向和脚位的练习：前平位、旁平位、上位、下位。

- 学习舞蹈

欣赏歌曲，创编动作：欣赏歌曲两遍，根据歌词内容，教师和幼儿一起创编动作，幼儿两人一组面对面模仿教师的动作。

跑跳步动作练习：幼儿双手叉腰，跟在教师身后做跑跳步练习。

结伴舞蹈：请幼儿欣赏教师完整表演一遍舞蹈。然后请表达能力强的两个小朋友听音乐完整表演一遍。幼儿可以找一个好朋友面对面站好，和教师一起练习舞蹈，站成双圈。教师引导幼儿每跳完一次，交换一个舞伴，体验和好朋友一起跳舞的快乐。

活动反思

　　舞蹈活动中幼儿前段都表现得较兴奋，首先是小火车的形式增加了乐趣，后半段的基本功有些幼儿就坐不住了，基本功部分比较枯燥，在下节课里需要改进。

　　在这次活动中，主要是为了让幼儿体验跳双圈集体舞的快乐，感受音乐当中的节奏感，同时能够对舞蹈产生兴趣，养成活泼开朗的性格。

活动实录图

活动三：舞蹈《一年级》1

活动目标

● 能够跟随教师指令进行舞蹈基本功节奏的训练。

● 学习一些舞蹈造型，能够大胆跟着音乐摆出造型，动作姿势标准优美。

● 学习舞蹈《一年级》。

活动准备

音响、热身操音乐、舞蹈音乐《一年级》、瑜伽垫。

活动过程

● 热身活动

教师播放开火车的音乐，幼儿双手放在前面一个人的腰上准备开小火车，跟着教师做热身运动，让自己全身活动开。

● 形体练习

复习基本功：站姿，要求正部位，双腿夹紧。抬头挺胸收腹，手成旁平位，一动不动地坚持一首歌时间。坐姿：双脚伸直坐在地面上，膝盖不能弯曲，背立直，脖子拉伸，肩膀打开，绷脚背，双手中指轻轻点地，坚持一首歌时间。

勾绷脚学习：在保持伸坐基本形态的基础上，由脚趾、脚背到脚腕，依次一节节最大限度地勾和绷，膝盖绷直紧贴地板。

● 学习舞蹈《一年级》

欣赏舞蹈的音乐和节奏并熟悉，教师讲解舞蹈的类型及意思，让幼儿迅速融入场景里。

师：今天我们要学习一首律动舞蹈，《一年级》是一首很欢快的音乐，我们从第一句开始学起来吧！

1.教师逐句歌词讲解舞蹈动作。

小眼睛 看老师——双手做 OK 状放在眼前，向外伸缩 2 次。

小耳朵 竖起来——双手比耳朵状放在两耳旁，向上伸缩 2 次。

同学讲 仔细听——双手并掌放双耳旁，扭动上半身，左右摇晃 2 次。

表扬他 顶呱呱——胸前拍手 3 次，双手伸直比大拇指，手腕左右摇动 2 次。

啦啦啦啦啦啦啦啦——双手花掌交叉画大圈，屁股左右扭动，后踢腿跑步原地转圈 2 次。

当我背上书包出发——做背书包状，小跑步。

第一次离开家——食指比 1，双臂在头顶比三角状。

不做妈妈的小尾巴——背对观众，双手平斜下位小抖动，屁股扭动 2 下。

我学着长大——从下向上，双手并掌交叉打开。

丁零零，开始上课啦，上课啦——左手在腰部位置做花掌，右手在右耳位置做花掌。手腕进行扭动。右手在腰部位置做花掌，左手在右耳位置做花掌，手腕进行扭动。

小嘴巴不说话 嘘——食指放在嘴边。

小耳朵听老师的话，仔细听讲哦——双手揪住耳朵。

举小手回答——做举手状，左右两边一边一次。

操场风吹着口哨——双手并掌举过头顶，随风左右摆动。

阳光课间操——扩胸运动，前后各 2 次。

和小草一起长高——双手做小花形状放在自己额下，从下往上 4 阶段升起。

2.教师边数节奏边示范舞蹈动作。

跟随音乐再次复习与巩固。

师：宝贝们让我们跟着音乐，再来一次吧！

教师再次完整示范，幼儿跟学。

● 结束部分

教师表扬幼儿，并奖励星星。请幼儿协助教师收垫子。有序结束活动。

活动反思

在练习舞蹈基本功时，有些幼儿由于压腿时膝盖不能弯曲，只能用肚子去贴住膝盖，第一次尝试，幼儿都觉得有点痛，有的幼儿直接把膝盖弯着，导致动作不标准，需要教师及时纠正动作。

在舞蹈《一年级》学习中，幼儿听到欢快的音乐比较兴奋、活跃，都能跟着教师一起做动作。

在练习活动过程中，部分幼儿在舞蹈动作上还存在一些不足。这可能是因为教师在教学过程中没有足够详细地解释每一个动作的要领。因此，在未来的教学中要更加注重动作的细节，确保每个幼儿都能够掌握正确的舞蹈动作。

　　这次活动主要是为了幼儿能够跟随教师指令进行舞蹈基本功节奏的训练，同时能够学习一些舞蹈造型，能够大胆跟着音乐摆出优美的造型。

活动实录图

活动四：舞蹈《一年级》2

活动目标

- 能够比较准确地按照音乐节拍和好朋友结伴跳舞。
- 体验跳双圈集体舞的快乐。
- 感受音乐，产生对舞蹈的兴趣。

活动准备

音响、活动、跳舞音乐。

活动过程

- 热身运动

播放开火车的音乐，教师带领幼儿做热身活动。

- 形体练习

复习上节课的站姿、坐姿和绷脚、青蛙跨、前压腿的练习。

学习基本功小跨：双脚相对，挺直背，按照节拍进行跨步练习，双膝向下，跨出步伐时上身下压。双臂与肩同宽，手指向前往远处延伸。

- 学习及复习舞蹈《一年级》

让幼儿先复习上节课教的舞蹈动作。

详细地讲述上节课动作的基本要领及改正不规范的动作。

教师传授新的舞蹈动作让幼儿理解并学习。

在上节课动作的基础上串上这节课的动作，并跟随音乐跳两遍舞蹈。

- 结束部分

教师表扬幼儿，并奖励星星。请幼儿协助教师收垫子。有序结束活动。

活动反思

　　舞蹈是美育的重要手段之一，它直观、形象、生动、活泼，是幼儿极为喜爱的一项活动。它可以陶冶幼儿的情操，使他们从小受到美的熏陶，更有利于幼儿身体的协调发展，促进他们快乐地健康成长。

　　这次活动，让幼儿能够比较准确地按照音乐节拍和好朋友结伴，体验跳双圈集体舞，同时还复习了上次活动的动作，加深了幼儿的印象。

活动实录图

活动五：舞蹈《一年级》3

活动目标

- 掌握舞蹈勾绷脚的基本动作要领。
- 能在同伴面前大胆展示自己，体验跟随音乐跳舞的乐趣。

活动准备

音响、热身操音乐、舞蹈音乐《一年级》、瑜伽垫。

活动过程

- **热身运动**

播放开火车的音乐，让幼儿跟着教师做热身运动，让幼儿全身活动开。

- **形体复习**

复习上次活动学习的动作，并及时纠正不标准的动作加以改正。

- **学习勾绷脚小组合**

勾脚：在保持伸坐基本形态的基础上，由脚趾、脚背到脚腕，依次一节节最大限度地勾脚，不能松膝盖。

绷脚：在保持伸坐基本形态的基础上，由脚趾、脚背到脚腕，依次一节节最大限度地绷脚，不能松膝盖。

播放音乐，幼儿跟跳：前奏部分左右倾头 4 次。一到四个八拍勾脚、绷脚交替进行；间奏部分放松抖抖自己的小腿放松；五到八个八拍单脚勾绷交替。

- **学习及复习舞蹈《一年级》**

师：小朋友们，上次学的舞蹈还记得吗？跟着音乐跳一跳吧！

教授新动作：

小小问号举手报告——单脚跳的同时，左手食指在自己的太阳穴处打转。

懂礼貌说声老师好——左右两边分别鞠躬一次。

排队走就像小火车奔跑——原地踏步前平举之后侧平举，原地小跑转圈。

小小问号举手报告——单脚跳的同时，左手食指在自己的太阳穴处打转。

为什么星星不睡觉——单手花掌从下往上顺时针方向画圈。

是不是它负责把我们的梦寻找——双手合并，放到自己脸颊位置，做睡觉的样子。

小草要发芽雨滴叫醒小青蛙，天边的彩虹想要出门玩耍，明天像个小朋友他说你好啊。未来是他的家牵手去看他——双手花掌交叉画大圈，屁股左右扭动，后踢腿跑步原地转圈2次。

为什么十万个为什么，没有十万个呢？——左右两边各一次摊掌。

讲解改正： 详细地讲述舞蹈动作的基本要领、更正不规范的动作。结合两次活动教授的动作，跟随音乐进行舞蹈。

● **结束部分**

教师表扬幼儿，并奖励星星。请幼儿协助教师收垫子。有序结束活动。

活动反思

幼儿经过前两次活动的学习，已经慢慢习惯并熟悉教师的教学方式和流程，记动作和练习基本功也有所进步。虽然幼儿存在开小差的情况，但也算有所改善。

活动实录图

活动六：舞蹈《火车舞》

活动目标

● 学跳《火车舞》能较合拍地随着音乐做小跑步和找"车厢"的动作。

● 理解舞蹈跳法，能在规定时间内做邀请和感谢动作。

● 体验"火车头"与"车厢"协调合作的重要，以及朋友越来越多的快乐。

活动准备

火车图片、《火车舞》音乐。

活动过程

● 熟悉《火车舞》乐曲旋律

全体幼儿在乐曲的伴奏下，小跑步进教室，合着音乐拍一拍手。幼儿创编其他身体动作，合着音乐可以做做拍腿、拍肩等动作。

复习上节课的站姿、坐姿和绷脚、小跨、青蛙跨的练习。

● 基本部分

出示火车图，认识火车头和车厢，用动作表示火车行进。

师：小朋友们，你们见过火车吗？火车是怎么开的？

师：老师想到了一个能代表火车行进的动作，我们一起来学一学。

师：今天火车头想邀请车厢跳舞，想想看火车头会怎样邀请车厢呢？（幼儿讨论）

练习幼儿想出的邀请动作，教师哼出邀请的音乐旋律。

师：车厢怎样表示对火车头的感谢呢？（请幼儿用动作表示，教师哼出感谢处的乐曲旋律）

随着音乐完整地练习舞蹈中的基本动作，提醒幼儿在规定时间内做邀请和感谢的动作。

学跳集体舞：全体幼儿坐成圆圈，教师先做火车头，小跑步去找车厢，做示范动作。

幼儿学做火车头去找车厢，火车越来越长，让幼儿体验朋友越来越多的快乐。表扬能听音乐准确做动作的幼儿，让其他幼儿也学会合拍做动作，在连接的时候提醒后面的幼儿要拉好前面幼儿衣服的下面部分。

● 结束部分

火车到站了，大家快乐地唱起了歌，幼儿倾听歌曲前奏，齐唱一遍。

活动反思

为了学好一个舞步，幼儿不断地重复这个简单而又枯燥的动作，他们的音乐基础决定了学习的兴趣和学习主动性。怎样才能让他们在既不会对学习舞步感到枯燥，又不会产生厌学情绪的情况下，引导他们比较高兴地不断重复练习呢？个人建议可以根据幼儿的学习特点入手：从幼儿的兴趣出发，创设各种情景，引导他们进行想象、联想，并在这样的情境中不断地重复练习某些基本动作，直到他们练得比较到位和完美。

活动实录图

活动七：舞蹈《爷爷亲奶奶亲》

活动目标

● 训练坐姿，同时训练脚踝的灵活性及勾、绷脚的动作形态。
● 乐意参与活动，体验舞蹈活动带来的乐趣。

活动准备

音响、音乐、瑜伽垫、鼓和鼓棒。

活动过程

● 热身运动

幼儿跟着教师做热身运动，让幼儿全身活动开。

● 形体练习

站姿：要求正部位，双腿夹紧。抬头挺胸收腹，手成旁平位，一动不动地坚持一首歌时间。

坐姿：双脚伸直坐在地面上，膝盖不能弯曲，背立直，脖子拉伸，肩膀打开，绷脚背，双手中指轻轻点地，坚持一首歌时间。

教师及时纠正不标准的动作。

扩指手型：五指最大限度张开，指根发力。

● 学习舞蹈《爷爷亲奶奶亲》

教师讲解舞蹈主要动作：1.坐压前腿，正步位伸坐，上身保持直立，向前折叠俯于腿上，后背延伸拉长。2.松膝捶腿，双手握拳捶腿，膝盖松弛抖动，晃头。3.吸腿抱团身，双腿最大限度收回，双手手腕交叉，右手在上抱于小腿上，额头贴膝盖。

教师边数节奏边镜面示范舞蹈动作：

准备音乐（两个八拍）——直腿绷脚伸坐，双手旁斜下位，中指点地。

第一段（四个八拍）——坐压前腿，双手指尖相对空掌扣于膝盖上，做亲吻动作并发出"啵"的声音，上身回正，双手前斜下位，指尖延伸，点在腿的上面。松膝捶腿（大腿中间），双拳经上抛物线捶脚尖前压腿起身到直腿伸坐，双手旁斜下位点地。

间奏（两个八拍）—— 吸腿抱团身，做四拍到位，打开到直腿伸坐，第五拍到位。

第二段（四个八拍）—— 坐压前腿，双手握拳捶腿，位置分别是大腿中部、膝盖、小腿中部、脚尖依次捶腿回到伸坐，位置与前压腿顺序相反。

教师播放音乐和幼儿一起做动作，教师注意镜面示范。

● 结束部分

教师表扬幼儿，并奖励星星。请幼儿协助教师收垫子，有序结束活动。

活动反思

兴趣是幼儿学习的动力，孩子们喜欢跳舞，他们对练习舞蹈很感兴趣。通过教师的语言引导和创设的良好情境，让他们感受到舞蹈之美，让他们的情绪一直保持在兴奋的状态下，学习效果就会事半功倍。本次活动通过教授亲吻爷爷奶奶，给爷爷奶奶捶腿等动作，教导幼儿尊老敬老，孝顺老人，传承中华传统美德。

活动实录图

活动八：舞蹈《爱睡觉的加菲猫》

活动目标

- 自主模仿舞蹈动作，并能随音乐有节奏、完整连贯地跳舞。
- 学习站姿、弯腰等动作要领，积极参与动作表演。
- 体验与同伴一起跳舞的快乐。

活动准备

加菲猫图片一张、CD机、音乐录音带、舞蹈服、舞蹈鞋。

活动过程

- **导入部分**

复习组合动作，激发表演情绪。

师：今天，我们这儿来了许多的客人，让我们一起听着音乐跳舞来表示对他们的欢迎。

- **基本部分**

观察发现、初步感知：

师：你们优美的动作引来了小花猫的一位朋友，猜猜会是谁呢？你看到的加菲猫有什么特点？谁愿意用动作来模仿加菲猫胖乎乎的样子。加菲猫为什么会这么胖呢？到底是不是这些原因呢？让我们听听音乐里是怎么说的？看，到现在它还在打瞌睡呢。谁愿意来学一下加菲猫打瞌睡的样子？接下来我们一起来学一学吧！

师：下面老师做几个动作，大家来猜一猜是什么意思，好不好？老师学的就是加菲猫想睡觉时的样子，大家也跟着老师一起学吧！

基本站姿准备动作：

双跪坐姿，弯腰手臂重叠。扩指手形向斜上位打开，再滑至斜下位。

打哈欠：右手掌形手轻轻拍嘴，左手叉腰上。

右手食指，左手食指，在胸前点两下，回到叉腰手位。

右手掌形手向上，左手一样，双手手指尖搭成小房子，滑向头顶，滑到旁边按手位。

重复一遍上面的动作。

师：小朋友们，《爱睡觉的加菲猫》这个舞蹈我们就学完啦！

活动反思

　　通过各种舞蹈姿势的训练使幼儿四肢动作协调，改正含胸、驼背等不良习惯，优雅的体态和外形气质是舞蹈对幼儿产生的最直接、最显著的美育功能。受过舞蹈训练的幼儿，充满自信、乐观，有大方优雅的形体和美好的气质。

活动实录图

活动九：舞蹈《小猫咪》

活动目标

● 能按舞蹈的节拍做动作，培养幼儿的节奏感。

● 乐意参与集体活动，体验活动带来的乐趣。

活动准备

音响、热身操音乐、舞蹈音乐、瑜伽垫。

活动过程

● 热身运动

播放开火车的音乐，让幼儿全身活动开。

● 形体及基本功复习

复习基本功：站姿、坐姿、勾绷脚、旁压腿、前压腿等。教师及时纠正不标准的动作，并加以改正。

学习青蛙跨：动作要领，一定要做到三个90度——大腿与身体90度、小腿与大腿90度、小腿与墙面90度。手臂可以枕于脸颊下，注意腹部要贴在地面上。幼儿做小青蛙动作，教师巡回指导并及时纠正不标准动作。

● 学习舞蹈《小猫咪》

主要动作：

1.对脚盘坐压胯：脚心相对盘坐，骨盆固定不动，上身前倾，同时肩、胸打开，后背延伸拉长。旁开腿压胯，双腿勾脚，同时向旁打开到最大限度，骨盆固定不动，上身前倾，同时肩、胸打开，后背延伸拉长。

2.小猫胡须：双手在嘴旁扩指，手背向外一点，双肘架平。

3.小猫挠手：对脚盘坐，松腰低头，双手空拳胸前位向前交替画圆。小猫爬：扩指交替往1点爬，先左后右，提腕轻落地。模仿小猫走路。

4.招财猫：双手空拳于胸前，拳眼相对，顶腕，手背向上。

● 镜面示范舞蹈动作

1.准备位置：对脚盘坐，招财猫造型。保持准备位，手握空拳，拳眼贴住脸颊左右倾头四次。

2.第一段（四个八拍）：小猫立腕扣腕，扣手两次，前压胯，双手在嘴旁扩指收至准备位。小猫双手空拳胸前位向前交替划圆，前压胯，双手空拳经前平位打开至旁平位立腕。小猫旁开腿，勾脚，左右倾头各一次。

3.第二段（四个八拍）：旁开腿压胯，五指张开指尖相对，肘尖对3、7点。旁开腿压胯起身回正。旁开腿压胯，扩指交替往1点爬，先左后右，提腕轻落地。模仿小猫走路，完成后的姿态左右倾头两次。小猫保持准备位，手握空拳，拳眼贴住脸颊左右倾头四次。

4.第三段（五个八拍）：重复动作。

● 结束部分

教师表扬幼儿，并奖励星星。请幼儿协助教师收垫子。有序结束活动。

活动反思

在学习舞蹈《小猫咪》时，幼儿对小猫挠手这一动作很感兴趣，能跟着教师一起做动作。在以后的教学中，可以根据幼儿年龄特点，用幼儿感兴趣的对话和内容设计教学。

活动实录图

活动十：舞蹈《不倒翁》

活动目标

- 初步了解舞蹈，对舞蹈产生兴趣。
- 能按音乐节拍做动作，初步培养幼儿的节奏感。
- 在做动作的同时，体验舞蹈带来的兴趣。

活动准备

音响、跳舞音乐。

活动过程

- **热身运动**

教师带领幼儿在开火车的音乐中，完成热身运动。

- **基本部分**

复习上节课动作。

学习小飞机基本功：首先双腿伸直，趴在地上让身体放松，腿部保持不动，使用双手抱住头部向后仰，让身体形成一个感觉，像飞鸟起飞的动作。一直坚持这个动作不动保持 10 秒，原地放松 20 秒后，再重新开始这个动作。

学习舞蹈不倒翁：

松腰：上身按照尾椎、腰椎、胸椎、颈椎、头的顺序依次迅速下沉放松，后背呈弧线。

提腰：身体迅速按照尾椎、腰椎、胸椎、颈椎、头的顺序依次上升。

旁弯腰：手扶地时，手肘要放松，另一侧旁肋最大拉长。

转腰：骨盆固定不动，以腰为轴，腰以及腰以上的身体部位向左或向右最大限度转动。

- **结束部分**

教师表扬幼儿，并奖励星星。请幼儿协助教师收垫子。有序结束活动。

活动反思

　　兴趣是推动幼儿学习的关键动力，游戏则是幼儿日常生活的重要组成部分。如果幼儿对舞蹈充满热情，作为教师，我们只需紧抓他们的兴趣，通过言语指导并营造一个积极的学习环境，让他们感受到舞蹈的魅力。这样，他们的情绪将始终保持在高昂的状态，他们的学习成果也会显著提高，达到事半功倍的效果。

活动实录图

（本课指导老师：王玉廷、甘淳）

萌雅花艺

● 年级组：中班、大班

　　在许多文化中，不同的鲜花承载着各自独特的寓意，这种以花卉为创作主体的艺术形式，我们称之为花艺，常称为插花。花艺指通过一定的技术手法，将花材排列组合或者搭配使其变得更加赏心悦目。花艺常用来表现一种意境或宏观场面，体现自然与人以及环境的完美结合，形成花的独特语言。本次课程主要让幼儿在插花过程中体会乐趣，能够懂得欣赏鲜花的美丽。

活动一：认识工具

活动目标

- 乐于参与社团活动。
- 认识各种插花工具，能独立进行插花练习。
- 体会和同伴一起学习插花的快乐。

活动准备

花剪、绿胶带、干花泥等，各种成品花束图片。

活动过程

- 介绍社团，导入活动

教师介绍社团，一起制定社团规则，引起幼儿兴趣。

- 欣赏观察插花工具

教师依次拿出插花时需要用到的所有工具进行介绍。

强调存在安全隐患的工具，提醒幼儿在使用时要小心，注意安全。

引导幼儿记住每个工具的名称和作用。

出示工具时，引导幼儿仔细观察，感受工具，加深印象。

- 初步练习插花

教师示范插花，引起幼儿的兴趣。教师介绍插花的几种不同方式。

插花要求：两个幼儿为一组共同完成，合理分配合作，选择插花容器，设计插花造型，合理布局。提醒幼儿在使用工具时要注意安全，不追打推挤。

幼儿合作插花，教师巡回指导。

- 欣赏幼儿作品

每一组由两个幼儿轮流上台拍照和讲解，分享插花时发现的技巧和问题。

- 结束活动

材料收拾整理放回原处，垃圾入桶，分享插花带来的快乐。

活动反思

本次活动充分引起幼儿的兴趣，幼儿能积极参与活动。活动主要介绍了插花时的工具、插花规则和插花的注意事项等，当在介绍工具的后半部分时，幼儿就迫不及待地想要开始插花，对认识插花工具失去了兴趣。

本次活动的不足之处在于，介绍插花工具用了大量的时间，自主插花练习时，幼儿的兴趣又回来了。活动中，大多数幼儿能够积极与同伴合作完成，并且能主动思考问题与解决问题。

活动实录图

活动二：我来学插花

活动目标

- 知道插花的正确步骤。
- 能按照插花技巧进行插花。
- 体验插花的技巧。

活动准备

花篮 12 个，花剪、刀、花泥各 12 份，多品种的花、配叶。

活动过程

- 复习导入

教师引导幼儿回忆插花的制作要求与方法。

师：小朋友们，你们还记得插花的哪些要求呢？插花的方法又有哪些呢？

小结：插花时我们要注意，第一是选材要有主色和配色；第二是理材，注意要去除多余的皮刺与枝叶。

- 比赛插花

教师向幼儿介绍准备好的花材，幼儿进行思考插花方法。

教师介绍比赛规则。

规则：教师不参与比赛，幼儿根据自己的方法进行插花，自己进行选材和配色。哪个幼儿能最先插完一盆完整的花，并能收拾整理好花具、制造的垃圾等，奖励贴画。如果没有收拾整理好的幼儿，不算完全插花成功。插花时保持安静，注意使用花具时的安全。

幼儿自由选择材料进行插花，教师巡回观察，注意幼儿安全。

- 结束部分

幼儿分享比赛中遇到的困难与乐趣。

评价幼儿作品，教师进行总结并结束活动。

活动反思

　　活动一开始幼儿就陷入了紧张的氛围，但又非常期待这次比赛，于是积极主动参与其中。当比赛开始时，大家各自都有着自己的想法，所以毫不犹豫地开始做了。

　　由于是第一次进行这样的比赛，有少部分幼儿动手能力较弱，对自己没有太大的信心，不敢大胆地动手操作，而且还弄错了一些插花的步骤和流程。特别是收拾整理，幼儿平时虽然都有一直做但没有教师的提醒就不主动，以后可以多给他们一些这样的锻炼机会，让他们有更大的进步。

活动实录图

活动三：学做糖果花

活动目标

- 了解插花的多种方式，根据不同的容器学习插花组合。
- 能用绕、卷的方式制作糖果花。
- 尝试说说祝福的话语，表达对身边人的关心和喜爱。

活动准备

多媒体课件，糖果花范例、插花图例、彩色棉纱纸、彩色包装纸、吸管、花泥、透明胶、剪刀等工具，插花容器、糖果。

活动过程

- 了解糖果花的意义

出示"心愿"糖果花，观察糖果花，比较它和其他花束的不同之处，介绍"心愿"糖果花的意义，了解甜蜜的祝福这种形式。

- 了解糖果花的一些名称

师：我对糖果花很感兴趣，所以上网找了一些关于糖果花的资料，想和小朋友们一起来欣赏。

边看糖果花插图，边简单介绍糖果花的名称和含义。

- 介绍插花的方式

观看多媒体课件（花店插花演示）：出示图例，课件演示和插花图例相关的几组糖果花作品（S形插花、倒T形插花、三角形插花、直立形插花、弯月形插花）。

制作要求：先把糖果连接在吸管上，再自选材料制作花朵，制作花朵的纸张材料分三种难度，方块形、花瓣形、长条形；选择包装纸对花朵进一步美观加工；选择容器，将包装纸包裹花泥放进容器中；根据容器的外形设计插花造型，合理布局。

如果制作遇到困难，可以观察循环播放的糖果花课件，或请教师和幼儿帮忙。材料和工具用完及时放回原处，垃圾放进垃圾桶。

● 幼儿制作，教师指导

幼儿开始尝试制作糖果花，教师巡回指导，教师要多多鼓励动手能力相对较弱的幼儿。

活动反思

有什么好办法能够让幼儿对手工活动想做、敢做、会做，并能做得很好呢？经过反复思考，我想出了几个改进的方法：

1. 在选材的时候要注意简易性、难易度符合幼儿的现有水平。通过家园合作，让家长在家辅导幼儿进行简单的材料操作，如怎样正确使用剪刀等。

2. 在班级的区域活动中投放各种符合幼儿现阶段水平的手工操作材料，并在生活中鼓励幼儿多操作。

3. 在活动中对幼儿进行简单的手工技巧知识传授。

4. 多关注那些不自信的幼儿，对其进行一对一指导，以鼓励为主的方式开展活动。

活动实录图

活动四：剪插野花

活动目标

● 通过剪一剪、插一插，培养幼儿的创新求异思维和发展幼儿的动手能力。

● 欣赏插花艺术，感受插花艺术的色彩对比、高低错落对比、大小对比的美，对插花艺术感兴趣。

● 激发幼儿对大自然的喜爱之情。

活动准备

各类野花、野草、树叶等，舒缓乐曲、多媒体课件。

活动过程

● 引出话题

师：小朋友们，瞧，这些是什么呀？这些都是我们一起去山上、田埂边采摘过来的。

师：瞧！（播放春游视频：采摘野花）

师：这些花能摘吗？（镜头：人们种植鲜花）

师：这些是人们种植起来给我们欣赏的，而这些野花生长在大自然中很漂亮，因此我们就想把这些漂亮的野花带回来，让更多的人看到大自然的美。

师：可是如果把这些野花摘回来很容易枯萎，它们的美别人就欣赏不到了，我们有什么办法可以使这些野花变得更美，留存得更久，让别人更好地欣赏呢？

师：那我们就一起来插花。我们插花的花瓶有些特别哦，瞧！这些是什么？（酒坛、木桶、竹桶）

师：好，现在就请小朋友们上来试试吧！

师：如果觉得花柄太长，可以用剪刀修一修，但用的时候要注意安全。

● 第一次尝试插花

师：插好的小朋友请把自己的位置整理干净，回到自己的位置，也可以去看看其他小朋友插的花。

师：好了，小朋友回到自己的位置，咱们一起来欣赏大家的插花作品吧。

师：你认为哪盆花插得最好看，那你觉得哪里吸引了你呢？

● **感受插花的美**

播放插花录像，欣赏插花艺术，感受插花艺术的色彩对比、高低错落对比、大小对比的美。

师：小朋友们都很棒，说出了自己的看法，老师也专门去花店拍摄了插花师傅插花的过程，我们一起来看一下插花师傅到底是怎么插花的吧！

（播放插花录像）

师：有哪位小朋友能告诉我，为什么插花师傅插的花那么漂亮？

（用姿态语言来引导他们说出花的插法，高低、大小、颜色、树叶的衬托）

教师小结： 对呀！插花时一定要注意要把花插得有高有低、有大有小，颜色有深有浅，再加一些草、树叶，互相衬托，这样一盆花才会插得更漂亮。

师：但刚才我们看到的只是插花师傅插了一种扇形形状的花，其实插花是一门艺术，也是一门技术，每个人都可以根据自己的爱好插出不同形状的花，还有球形、S形等很多花型，我们来看看。

幼儿进行操作。

● **欣赏插花作品**

师：完成插花的小朋友请整理干净桌面上的物品，然后请客人一起来欣赏我们插的花吧！

组织幼儿在完成插花之后，自动整理桌面上的物品，潜移默化地帮助幼儿养成保持干净的习惯。

在客人欣赏幼儿作品时，引导幼儿对自己的插画作品进行简单的介绍，锻炼幼儿的口语表达能力。

活动反思

通过本次活动可以看出，幼儿的创造力是无限的，关键在于教师能否给出一个充分发挥想象创造的空间。

通过一系列的教学设计，激发了幼儿的学习兴趣和积极性。他们既可以通过插花表达自己的思想感情，又可以通过学习培养动手能力、审美能力、团结协作能力和勇于创新的精神，还能通过剪一剪、插一插，培养和发展幼儿的动手能力。

活动实录图

活动五：花束制作

活动目标

- 知道花束的构造与造型。
- 能独立进行花束的制作。
- 体验同伴制作的乐趣。

活动准备

花束设计与制作的多媒体课件，各种颜色不同的花、包装纸、彩带、花剪等。

活动过程

● 导入活动

教师介绍活动内容，了解花束的结构与造型、花束的设计与制作，引起幼儿的兴趣，激发幼儿大胆思考。

● 花束的基础知识

介绍花束结构：主要分为花体、手柄、装饰三个部分。

师：小朋友们，你们知道装饰材料有哪些吗？

教师引导幼儿大胆思考装饰材料。教师引导幼儿认识一般的装饰材料，如缎带、纱带、彩带等。激发幼儿的兴趣。

介绍花束造型：一般分为单面欣赏花束、四周观赏花束、单支花束、礼物盒花束、架构花束。教师依次引导幼儿了解和欣赏图片。

重点介绍花束包装材料：塑料纸、彩纸、手揉纸、皱纹纸、绵纸、不织布和纱网等，根据图片进行了解。

介绍平板纸类包装：纸卷筒包装、双纸平行包装、双纸正斜包装、双色指尖角包装和折角包装等，教师出示图片供幼儿观察了解。

● 制作花束

教师引导幼儿运用纸卷筒包装方法包装花束。

包装方法：纸卷筒包装用于简单的送花包装，方法是平摊包装纸，把组合好的花束放到纸的一侧，将纸侧卷，形成一头略翘的形状。

开始制作：幼儿自主选择花、包装纸、装饰彩带，教师分发花剪，幼儿制作时教师巡回观察指导。

提醒幼儿使用花具时注意安全，不拿着花剪乱跑，知道保护自己和他人。

● 结束活动

幼儿收拾整理花具，与同伴分享制作的乐趣并拍照。

活动反思

在本次活动中，幼儿能做到相互商量合作，在教师的指导下能主动思考，然后自己进行配色操作。大多数幼儿能仔细思考问题，并大胆进行操作，幼儿对包装花束很感兴趣，所以他们能积极参与活动，并与教师、同伴分享自己的体会。

不足之处是，幼儿遇到问题时，不能耐心等待教师帮助，而是不停吵闹。

活动实录图

活动六：花束打结

活动目标

● 知道系蝴蝶结的方法。

● 尝试动手系蝴蝶结，提高动手能力。

● 分享自己系蝴蝶结的方法。

活动准备

系蝴蝶结步骤图，各种蝴蝶结图片，各种花材，花、花剪、彩带和包装纸等。

活动过程

● 活动导入

师：今天有一个花束选美大赛，每一把花束上要佩戴一个美丽的蝴蝶结。

教师出示准备好的蝴蝶结图片，引导幼儿观察蝴蝶结，大胆描述蝴蝶结，激发幼儿的兴趣。

● 学习蝴蝶结编扎

教师出示蝴蝶结步骤图，引导幼儿观察了解步骤。

1. 两端交叉打结。

2. 两端各形成一个兔子耳朵。

3. 两个"兔子耳朵"交叉，在打结处和兔子耳朵之间留一个开口。

4. 用一只手将一只"兔子耳朵"的顶端穿入开口。

5. 从另一边将"兔子耳朵"拉过开口。

6. 拉扯两个"兔子耳朵"就变成了蝴蝶结。

教师给每个幼儿发一条丝带，让幼儿先试一试。

幼儿在教师的指导以及示范帮助下进行实践操作，教师让先完成编扎的幼儿帮助暂时落后的同伴，分享自己的成功经验。

请幼儿循环进行蝴蝶结编扎练习，教师巡回指导。

● 结束部分

幼儿与同伴分享自己编扎蝴蝶结的方法。播放音乐，幼儿与同伴相互欣赏彼此的花束，教师进行拍照。

活动反思

在本次活动中，我们创造了促进幼儿手部动作灵活协调的机会。活动一开始部分幼儿非常没有信心，不相信自己，都嚷嚷着不会系蝴蝶结。但经过几番尝试和教师多次讲解后，他们愿意去尝试，发现自己其实能做到的时候又会很自信了。中班的幼儿动手能力较弱，还需要教师多关注并进行指导鼓励。

这次活动，让幼儿学习并且尝试了动手系蝴蝶结，这样能够提高动手能力。完成之后，还可以和同伴一起分享自己系蝴蝶结的方法。

活动实录图

活动七：卷折制作花束

活动目标

- 能用卷折的方式进行制作花束。
- 知道献花的方法，表达对人的尊重和关心。
- 体验花束带来的感受。

活动准备

花、透明包装纸、麻绳。

活动过程

- 欣赏与讨论

教师出示自制的花束引导幼儿观察，大胆说出自己的想法。

师：小朋友们，你们知道这是什么吗？

师：你们在哪里见到过花束呢？

引导幼儿回忆亲人、老师等为小朋友们做的事情，激发幼儿的感恩情怀。

师：如果这个花束是你的，你准备送给谁呢？

师：有了，我们每个人制作一束花去送给为你们付出辛勤劳动的人吧！

- 演示制作

教师再次引导幼儿观察花束，激发幼儿制作花束的兴趣。

师：小朋友们，你们猜一猜它是用什么方法制作的？

逐步介绍花束的制作方法：

1.将透明的包装纸剪成正方形，然后将正方形的两个斜角像冰激凌那样裹起来。

2.用透明胶将尾部粘起来使之固定。

3.把修剪好的花放进去。

4.用麻绳进行蝴蝶结的装饰。

幼儿自由创作，教师巡回指导。

● 结束部分

教师进行花束评价，请个别幼儿说一说自己手中的花束要送给谁。

活动反思

本次活动幼儿非常感兴趣，幼儿在过程中知道了用鲜花可以表达情感。

活动一开始幼儿的兴趣就非常浓，能积极回答教师的问题，但在幼儿讨论的这个阶段，因为没有事先讲好规则并创设情境，所以场面较混乱。下次活动时，要注重讨论环节的规则约定。

活动实录图

活动八：花与花语

活动目标

- 能根据各种特性认识花。
- 了解各种花的花语。
- 对花的颜色感兴趣，感受插花带来的快乐。

活动准备

多媒体课件、各种花。

活动过程

- 谈话导入，引出花的主题

师：你们认识哪些花？（牡丹花、牵牛花、百合花、郁金香……）

播放多媒体课件：引导幼儿说出自己认识的花名。

小结：幼儿对花有些了解，但是名字和花没有联系起来。花的形状、颜色、大小不一样，它们各有名字，它们开放的季节也不一样，它们各有特点。

- 根据颜色、形状等特性认识花

出示实物，认识各种花的名字和特性。（向日葵、玫瑰花、郁金香）

根据颜色、形状、大小来认识各种花。（红掌花、勿忘我……）

师：我们要看到这朵花，记住它的名字，它的长相、颜色和开花时间。

- 了解各种花语

师：花会说话吗？花会说话，只是我们听不懂，但是我们学习了，能够知道花代表的意义，这叫作花语。

了解不同花的花语：

玫瑰花—相亲相爱　康乃馨—对妈妈的爱　郁金香—幸福
百合花—百年好合　向日葵—快乐、希望　茉莉花—和蔼可亲

- 延伸活动

师：我们什么时候要送花？

活动反思

　　本次活动幼儿非常感兴趣，说到花语每个幼儿都激烈地讨论起来，要把花送给谁并跟对方说什么都规划得清清楚楚。活动中我发现幼儿能大胆地说出自己的想法，并且很真实、有主见。从他们说出的花语里我发现他们能根据不同的对象表达出不同的感情，对爸爸、妈妈、奶奶和老师，孩子们的花语都非常丰富且有感情，中班的幼儿也能清楚地表达出来。在下次的活动中可以尝试用多种不同的花代表的花语来进行表达，引导幼儿大胆思考。

活动实录图

活动九：交叉插花法

活动目标

- 知道插花的基本技巧并能准确运用。
- 能用交叉的方法进行插花。
- 体验插花带来的乐趣。

活动准备

各种花、花篮、花泥、花剪。

活动过程

- 谈话导入

介绍花材，引导幼儿思考，激发学习兴趣。

师：小朋友们，上次我们插花的技巧你们还记得吗？

师：真棒，小朋友们都知道插花不能有太多的颜色，要注意颜色搭配，一种主色和配色。在插花的时候注意要有高有低。

- 交叉插花

教师引导幼儿探索插花方法，鼓励幼儿大胆思考属于自己的插花方法。

教师示范交叉插花方法，幼儿进行思考并能大胆动手操作。

小结：小朋友们知道了交叉插花，但是在交叉插花的时候也要注意花束的高低层次，在交叉的基础上可以进行前低后高及其他多种方法。交叉插花可以使花束更加牢固且不容易变形。

- 练习花篮插花

教师请幼儿领取花材，在花篮里进行插花。提醒幼儿使用花具时注意安全，用完后物归原处。幼儿自由插花，教师巡回指导。

- 结束活动

教师对部分花束进行点评、总结。同伴之间相互欣赏作品进行讨论并和作品拍照。

活动反思

　　幼儿对每周四的社团活动都是非常期待的，这一次的活动内容在他们原来的基础上增加了一定的难度。但他们没有因难度增加而放弃，反而增强了挑战的欲望，在活动中遇到的问题他们也能主动地请教老师和其他同伴。

　　本次活动存在的问题是：幼儿在交叉插花时，部分幼儿不能对花束的整体进行造型设计，高的又很高，低的又太低，欠缺一定的规律性，在下一次活动中这方面需要重点指导。

活动实录图

活动十：花儿朵朵开

活动目标

● 能用绘画、拓印等方法制作花朵。

● 尝试用粘贴、撕剪、卷折等多种方式制作花束。

● 了解与自己生活密切相关的不同职业劳动者，用送花束的方式激发幼儿尊重劳动者的情感。

活动准备

各种可以拓印的蔬果横切面、各色颜料、擦手毛巾、水彩笔、彩色手工纸、皱纹纸、剪刀、吸管、花束包装袋若干。

活动过程

● 欣赏与讨论

教师出示自制的花束，询问幼儿这是什么，你见过这种花束吗？在哪里看见过。什么情况下会收到花束？请幼儿回答。

师：如果这束花是你的，你准备送给谁？

引导幼儿回忆亲人、老师等为小朋友们做的事情，激发幼儿的感恩情怀。

师：有这么多的人关心、爱护你们，那么这束花到底送给谁好呢？我有些为难了，请你们帮老师想想办法吧。

幼儿自由讨论，引导幼儿每人制作一束花去送给辛勤劳动的人。

● 演示与制作

师：小朋友们，请你们看一看老师今天带来的花束，猜一猜它是用什么方法制作而成的。

逐一展示并介绍不同花朵的制作方法：

1.用水彩笔在手工纸上画出花朵的图案，用剪刀剪下来，贴在吸管上，并装饰上叶子。

2.皱纹纸折叠：将皱纹纸折叠后，剪出花瓣的形状，然后缠绕在吸管上，并装饰上叶子。

● 创作与指导

鼓励幼儿自主选择制作方式，大胆想象，引导幼儿运用已有经验，用提供的辅助材料粘贴、撕、剪成花茎和叶子。

● 评价结束活动

教师为幼儿准备好花束包装袋，请幼儿把自己做好的花放进包装袋。请个别幼儿到台前来讲一讲自己是用什么方式制作的，并说一说想把自己制作的花束送给谁。

活动反思

幼儿能积极参与到一周一次的社团活动中，能大胆地与同伴讨论交流。在本次活动中，由于没考虑到年龄的差异，中班的幼儿在撕双面胶的时候遇到了困难，教师未做及时的调整。花束制作完成后，教师应引导幼儿如何将其插在花瓶里才能更好看。

活动实录图

（本课指导老师：刁倩）

棋乐无穷

● 年级组：中班、大班

　　中国棋文化中包括很多棋类，其中具有代表性的是象棋和围棋。玩棋能培养人的独立思考能力，锻炼思维，启迪智慧。在这次活动中，幼儿能够友好地提升独立思考能力，下棋游戏中每一步都是判断、推理、计算和决策的过程，在这个过程中幼儿能够发挥自身的潜力，在游戏中享受对弈的快乐。

活动一：认识棋社社团

活动目标

- 通过活动，了解社团成员，相互认识和熟悉。
- 能大胆地做自我介绍。
- 未接触过棋类的幼儿，认识跳棋，初步了解跳棋的规则，对跳棋产生兴趣。
- 已有基础的大班幼儿，认识五子棋、象棋，了解下棋规则。

活动准备

跳棋（6副）、五子棋（2副）、象棋（1副）。

活动过程

- 认识棋社

师：欢迎小朋友们来到我们的小社团，有的社团是篮球社、有的是足球社、有的是花艺社，你们知道我们的社团是做什么的吗？我们的社团叫什么名字，有谁知道？

师：看来小朋友们都知道，我们社团的名字是棋乐无穷，在这里我们可以了解下棋的方法，能认识很多新朋友，还能和小朋友们一起对弈，开心地玩耍。

- 自我介绍，互相认识

教师自我介绍之后，引导幼儿自我介绍。

师：哪位小朋友来做最勇敢的人，最先来给大家做个自我介绍，说一说你的名字和班级。

幼儿依次自我介绍，教师鼓励幼儿大胆完整地自我介绍。

- 认识跳棋

师：你们认识这是什么吗？（拿出跳棋）谁来介绍一下。

师：你在棋盘上看到了什么？（引导幼儿观察跳棋）跳棋和别的棋有什么不同？

师：跳棋可以两人玩，也可以多人玩，最多六人，最少两人。两人或者四人、六人玩时，棋子都是摆放在棋盘中相对应的位置上。三人玩时因为是单数，都没有直接的对手，所以棋盘中相对的位置是空的。棋的摆放方式是各空一个位置，谁先占领对面的阵地，谁就取得胜利。

幼儿尝试摆棋，分组进行合作交流。

● 收获总结

师：今天的社团活动，你们有什么收获？

活动反思

中班的幼儿第一次来到棋社，很多幼儿还有教师都是第一次见面，大家对棋社的兴趣很高。第一次开展活动先是教师与幼儿一起做自我介绍，在这个过程中，部分中班的幼儿还需要教师的鼓励。通过认识社团、合作交流讨论让孩子迅速地熟悉起来，对下棋也产生了强烈的兴趣，大班幼儿对棋类规则相对熟悉一些，很快便能在教师的引导下与同伴进行对弈练习。

活动实录图

活动二：认识五子棋

活动目标

- 了解五子棋的发展史，认识五子棋棋盘、棋子。
- 初步了解五子棋的规则和玩法。
- 幼儿对五子棋产生兴趣，愿意和同伴尝试下棋。

活动准备

物质准备：五子棋6副、垫子20块。

经验准备：提前与家人收集关于五子棋的小知识。

活动过程

● 五子棋知多少

师：小朋友们都事先了解了五子棋，老师想考考你们，关于五子棋的知识你们知道多少呢？

师：棋盘是由横竖各多少条线组成的呢？

师：五子棋有黑棋和白棋，请问黑棋有多少枚？白棋有多少枚？

师：棋子要怎么拿？有哪位小朋友愿意来试一试呢？

幼儿说说自己收集的五子棋相关资料。

小结：小朋友们太棒了，我们的棋盘由横竖各15条线组成，黑棋有113枚，白棋有112枚，好多小朋友们都知道了正确的执棋方式。

● 五子棋的规则玩法

师：有小朋友知道五子棋怎么走棋吗？哪个棋先走？棋子应该放在什么位置？怎么才算获得胜利？

幼儿分享五子棋的规则。

小结：五子棋是黑棋先走，拿黑棋的小朋友把棋子下在棋盘任意交叉点上，白棋在后。两个小朋友轮流下棋，最先连成五颗的获得胜利。

教师将棋子通过横连、竖连、斜连的方式摆放在棋盘上。

师：五颗棋子连在一起就能够获得胜利，请大家看一看，棋子是怎么连在一起的?(横着、竖着、斜着。)

● 试一试

幼儿与同伴两两组队,试着熟悉棋盘、棋子,教师巡回指导。

● 活动小结

幼儿说说在本次活动中了解到的关于五子棋的小知识。

活动反思

这次活动主要是让中班幼儿复习五子棋规则,教师设计游戏让幼儿去了解并加深对五子棋规则的印象。在后面的游戏环节,吸引幼儿的注意力,让幼儿牢记并学会运用五子棋规则。

活动实录图

活动三：跳跃大挑战

活动目标

- 合作练习双人对弈的技巧走法。
- 了解双人对弈的玩法和技巧。
- 体会与同伴下棋的快乐以及获得胜利的满足感。

活动准备

跳棋 6 副。

活动过程

- **游戏引入，回顾玩法**

师：游戏开始啦！我们都变成小跳棋，老师已经在中间放了一个大大的棋盘，现在我们分成两组，看看哪一组的小朋友最先获得胜利。每组有一名队长，队长来带领队员争取胜利，由队长发口令，指挥小跳棋往前走，每次只能走一步，而且注意只能沿着线走，要不然小跳棋就会掉到水里去！

游戏开始后，教师进行巡回引导。游戏结束后，教师进行总结。

- **第一次分组练习**

幼儿分组对弈，教师巡回指导：

师：游戏结束啦！看看老师手里的棋盘，我们现在用这个来比赛吧！刚才的游戏比赛中有的小朋友用的方法很不错，很快就获得了胜利！这一次我们来看看你们还有没有不一样的方法。

对弈结束，师幼总结问题：

幼：为什么我的棋总是不能占领别人的领地？我的棋总是被堵在一起，一步也动不了，真让人难受！我走得太慢了，为什么别人一步就能走很远，很快就把我的领地占领了。

- **教师对弈演示讲解**

教师模拟幼儿对弈，请幼儿观察并提出问题，对弈时进行讲解。

师：这一次轮到老师们来对弈了，小朋友们仔细看，老师用了什么方法，老师的棋有没有出现堵车的情况。

师：谁先占领对方领地，谁就取得胜利。因此要尽力往对方的领地上走。学会给自己的棋子作铺垫，让棋子有地方可跳。在基本走法的基础上，要学会能多走几步就多走几步。

● 合作练习

第二次分组对弈。请熟悉规则的幼儿和不熟悉规则的幼儿两两为一组。幼儿开始练习，教师巡回指导。师幼总结对弈中出现的问题。

● 活动结束，总结分享

师：说一说这次活动的收获。讲一讲我们运用了小技巧之后，棋子是不是走得更远更快？

活动反思

第一次练习时，请幼儿总结分享自己在对弈中遇到的问题，幼儿都积极地表达自己的想法。在活动里增加了教师对弈讲解的环节，这种方式提高了幼儿对下棋的兴趣。

活动实录图

活动四：跳棋宝宝蹦蹦跳

活动目标

- 幼儿学习跳棋走法。
- 双人合作练习跳棋，提高合作交流意识。
- 体会与同伴一起玩棋的快乐，并讲述自己的感受。

活动准备

跳棋若干、多媒体设备。

活动过程

- 谈话引入

师：小朋友们，在上一次的活动中我们学习了跳棋的游戏规则，你们还记得在下跳棋的时候有哪些要求吗？今天老师带来了一段下跳棋的视频，小朋友们仔细看，仔细回想一下视频里的规则，有哪些是你不知道的。

- 幼儿观看下跳棋视频

通过学习视频，再次熟悉规则：

师：你们在视频里看到了哪些规则？跟我们的规则是一样的吗？谁来说一说完整的跳棋规则？

幼儿分组讨论总结跳棋规则，每组选择一名幼儿做小代表来总结。

教师总结下跳棋的基本规则：

1.判定胜负规则：两人对弈，谁先将自己所有的棋子按照游戏规则全部移动到对面的阵营中，谁就能够获得胜利。

2.走子规则：首先用石头剪刀布决定谁走第一步，每个人在移动的时候，一次只能移动一颗棋子，棋子旁边有另一颗棋子可以"翻山"到另一边的空格中（隔一个棋子可以跳过去），在"翻山"的过程中如果旁边一直都有另一座山，也可连续翻山。

- 幼儿练习跳棋走子

幼儿自行组合：

师：小朋友们两人一组，自己去找一个小伙伴跟你组合吧！分好组的小朋友可以到老师这里来拿棋盘，拿到棋盘找一个你们喜欢的位置坐下来，然后用我们刚才总结的游戏规则和走子方法试一试下跳棋吧！

分享感受，总结经验：

幼儿分享自己在下跳棋时发现的问题以及自己和同伴对弈的感受。

师：小朋友们总结了很多自己发现的问题，我们再来试一试和同伴对弈，这一次在对弈时碰到困难可要仔细想一想该怎么走。

● 活动结束。

幼儿分享这一次活动中的收获和感受，收拾整理跳棋，将跳棋放回原位。

活动反思

通过这次活动，社团里有很多幼儿了解到了跳棋的游戏规则和走子方法。后面两次练习教师邀请大班幼儿协助练习，发现这一方法能让很多中班幼儿较好地熟悉跳棋规则。

活动实录图

活动五：初识象棋

活动目标

- 幼儿认识象棋的棋子。
- 幼儿初步了解棋子摆放位置和规则。
- 幼儿能够对象棋产生兴趣。

活动准备

象棋若干副。

活动过程

● 认识象棋棋盘

师：这是什么棋？有小朋友认识吗？

师：请小朋友们仔细观察，象棋的棋盘是什么样子的？

师：在象棋的棋盘中间，有一条"河界"，上写有"楚河""汉界"的汉字，我们一起数一数它在哪两条横线中间。（第五、第六横线）

师：大家看一看，棋盘上有几条横线？几条竖线？多少个交叉点？

小结：棋盘上有九条横线，十条竖线，九十个交叉点，这些地方就是棋子活动的场地，棋盘中"米"字方格的地方，象征着中军帐。

● 认识棋子

师：象棋的棋子和五子棋、跳棋都不同，我们一起来观察一下，小朋友们发现了什么？（上面有汉字，有两种不同的颜色）

师：棋子上的字是它们的名字，我们看看它们都是谁。每个棋子在开战之前都会站到自己的位置上，这些棋子到底站什么位置呢？

将（帅）：整个部队的首领，最重要的棋子，为了保护好它，我们只能在九宫格之内活动，每次只能动一格，可以横着走也可以竖着走。

仕（士）：仕（士）不要离开将（帅），它们要当好勇敢的保镖，所以它们只走九宫格内的四条斜线。

象（相）：当别的棋子在进攻时，我们的相（象）就要负责保护自家最重要的棋子帅（将）。所以它不能离开到河对岸去，它走的路线像一个"田"字，每次走"田"字的对角，如果它走的"田"字中央有一个棋子，就不能走。

车：这是车，是我们的战车，它可厉害了，只要没有棋子拦着它，横着、竖着它都可以走，且在移动过程中没有步数限制。

马：小马的腿可长了，可以跨两个格子，两个正方形的格子连着变成了长方形的格子，这时长方形的格子看起来就像我们的汉字"日"。如果小马站在"日"字的左下角，它就可以一步跨到右上角去。

兵（卒）：红色的是兵，黑色的是卒，这两枚棋子都是最勇敢的士兵，没有过河时他们只能往前走，每次走一步。过河以后，勇敢的士兵是不会后退的，除了往前走还能左右走，但也只能一次走一步。

炮：超级厉害的大炮，在它没有发起进攻的时候是和士兵一样的走法，但是当它发起进攻时，要跟被瞄准的棋子中间隔一个棋子，像跷跷板一样跳过去吃掉瞄准的棋子，而且只有我们厉害的大炮能从别人身上越过去。

● 棋子住哪里

请幼儿再次观察棋子的摆放位置。

师：我们再来看一看这些棋子都住在棋盘的什么地方？

邀请幼儿拿出棋盘和教师一起摆一摆。

师：小朋友们，拿出你们的棋盘和教师一起来摆一摆吧！

幼儿自己或与同伴共同尝试摆棋，教师巡回指导。

● 象棋顺口溜

师：我们认识棋子时知道了每种棋子走的路线都是不一样的，老师带来了一个好听的顺口溜，里面藏着象棋棋子们的路线秘密，一起来听听吧！

"马走日字，象飞田，车走直路，炮翻山。

士走斜路护将边，小卒一去不复返。

车走直路马踏斜，象飞田字炮打隔，卒子过河了不得。"

● 游戏结束

幼儿分享今日社团活动的想法。

活动反思

　　由于社团里幼儿年龄相差较大，中班幼儿在第一次认识象棋的时候难度很大，本次活动简单地带他们认识象棋后，就让他们继续熟悉跳棋。大班幼儿认识棋子的速度较快，基本都能正确摆出棋子。对于走棋方式还需要继续练习，还需要多多观察图谱，在下一次活动中可以多投放一些图谱供幼儿练习使用。

　　在这次活动中主要是为了幼儿认识象棋的棋子，初步了解棋子的摆放位置以及规则，通过活动吸引幼儿对象棋产生兴趣。

活动实录图

活动六：棋子王国的约定

活动目标

- 幼儿继续了解五子棋的约定。
- 能与同伴积极合作对弈练习。
- 愿意参与下棋活动，感受活动的快乐及成功的喜悦。

活动准备

五子棋棋盘、棋子、规则介绍图、操作卡。

活动过程

- 我知道的五子棋

教师出示棋盘，向幼儿介绍，棋盘格子、棋子。师幼共同回忆巩固关于五子棋的小知识。

- 游戏规则我知道

师（出示操作卡1）：横连、竖连、斜连三个方向任意一方向连成五颗就能获得胜利。这里已经有两颗棋子了，左右两边有没有拦截的棋子？（没有）如果没有可要注意了！它会更容易连成三颗！

师（出示操作卡2）：这里有几颗棋子连在一起了？（三颗）两边有棋子拦截吗？（没有）小朋友们可要注意了！对方已经有三颗了，如果不拦住就会变成四颗，这时两边都没有棋子，会发生什么情况？是的，对方就会更容易连成五颗获得胜利！那小朋友们遇到这种情况一定要及时拦截。

- 试一试

中班幼儿：教师提供五子棋，让幼儿两人一组，组队对弈，针对幼儿情况进行集中指导。

大班幼儿：幼儿回忆五子棋规则，幼儿两两对弈，练习五子棋技巧，熟悉五子棋比赛规则。教师针对幼儿情况进行指导。

- 活动结束

幼儿与教师共同回忆走棋方法。

活动反思

　　由于社团里幼儿年龄相差较大，中班幼儿在对认识五子棋的规则上难度很大，本次活动简单地带他们认识了棋子、棋盘后，就让他们继续熟悉跳棋。很多大班幼儿对五子棋非常了解，活动中，建议教师提供充足时间让孩子通过对弈增强棋艺。

活动实录图

活动七：跳棋对弈

活动目标

● 初步了解双人对弈的方法和技巧。

● 双人合作练习跳棋，提高合作交流意识。

● 体会与同伴一起玩棋的快乐，并讲述自己的感受。

活动准备

跳棋若干副。

活动过程

● 谈话引入

师：小朋友们，上节课我们了解到了跳棋的棋盘、跳棋的组成部分，那你们还记得跳棋的基本规则和玩法吗？

师：老师带来一段小视频，你们仔细看看，认真记一记，里面的规则和我们说的是不是一样的？

● 观看视频，回忆跳棋规则

幼儿分组讨论交流跳棋规则，请幼儿分组分享自己的想法。

师幼总结跳棋规则：把自己的棋子全部跳到对方的阵营里就算获得胜利，每次只能移动一个空格，移动时要根据棋盘上的线进行移动。如果是在同一条线上，一个棋子可越过相邻的棋子到另一边的空格中。

● 分组对弈，了解双人对弈的小技巧

教师将幼儿进行分组对弈，两人一组，每组一副棋盘。幼儿分组对弈，教师巡回指导。

第一轮对弈结束，师幼共同进行小结，幼儿分享自己的感受。

请个别幼儿分享自己的发现和想法，进行总结。

师：下棋时需要全部棋子都跳到对方阵营才能赢，中间堵车了不能退着走，但可以翻山跳跃，还可以绕路走……

幼儿进行第二次分组对弈，教师巡回指导。

● 活动结束

师：这一次的活动你们有什么收获吗？你们还发现了什么好方法可以帮助获得胜利，和你们的好朋友说一说吧！（幼儿自由交流讨论）

活动反思

经过前几次的活动，社团的成员们慢慢熟悉了起来，大家对玩棋的兴趣都很高。在活动中，幼儿非常积极大胆地表达自己的想法，乐于探索更多关于对弈的方法和技巧。大班幼儿对规则已经有了一定的了解，由他们带领新社员了解跳棋规则，能够增进幼儿之间的了解，让幼儿在轻松的氛围中学习跳棋。幼儿对跳棋规则已经有所了解后，可以在下一次活动中增加走棋技巧的图谱，让幼儿熟悉更多的走棋技巧。

活动实录图

活动八：跳棋练一练

活动目标

● 幼儿学习跳棋走法。

● 双人合作练习跳棋，提高合作交流意识。

● 体会与同伴一起玩棋的快乐，并讲述自己的感受。

活动准备

跳棋若干副。

活动过程

● 游戏引入

教师带领幼儿玩真人三子棋游戏，激发幼儿兴趣，引入活动。

● 幼儿观看跳棋视频

通过学习视频，让幼儿再次熟悉跳棋的规则。

幼儿分组讨论总结跳棋规则，每组选择一名幼儿代表来总结发言。

● 跳棋的基本规则

判定胜负规则：两人对弈，谁先将自己所有的棋子按照游戏规则全部移动到对面的阵营中，谁就能够获得胜利。

走子规则：首先用石头剪刀布决定谁走第一步，每个人在移动时一次只能移动一颗棋子，棋子旁边有另一颗棋子可以翻山到另一边的空格中（隔一个棋子可以跳过去），在翻山的过程中如果旁边一直都有另一座山，也可连续翻山。

● 幼儿练习跳棋走子

两人一组幼儿自行组合。第一轮跳棋对弈结束，幼儿分享自己在下跳棋时发现的问题以及和同伴对弈的感受。

● 活动结束

幼儿分享本次活动的收获和感受，师幼共同收拾整理跳棋。

活动反思

　　通过这次活动，社团里有很多小朋友对跳棋的游戏规则和走子方法更加熟悉，但是仍有小部分中班幼儿对跳棋走子方法还不是很熟悉，在对弈时需要教师在旁边协助。本次活动中投放的全新的跳棋走子图谱对中班幼儿来说有一定的难度，只有一次活动肯定不能让他们都立即学会，这需要多加练习才能让更多小朋友掌握。接下来的活动中，可根据幼儿实际情况投放图谱，适当增减难度及数量。在投放时应先与幼儿一起了解新投放的图谱，便于他们在对弈中使用练习。

活动实录图

活动九：棋子宝宝手牵手

活动目标

● 与不同小伙伴合作练习跳棋。

● 熟悉跳棋、五子棋的走子方法。

● 体会与社团不同小伙伴合作练习的乐趣。

活动准备

跳棋、五子棋若干副。

活动过程

● 复习规则及走法

师：小朋友们在上一次活动中都表现得很不错，谁能来完整地说一说下棋的规则？谁来说一说走子的方法？

教师总结，带领幼儿复习跳棋规则和走子方法。回忆五子棋规则及走法。

● 幼儿与不同幼儿对弈

幼儿与今天选择的第一位同伴对弈，幼儿对弈时，教师巡回观看，但不出声打扰。

交换练习：

师：第一次对弈结束后，小朋友们可以去找已经对弈完成的小朋友，重新组成新的组合来一次对弈，感受一下和不同的小朋友对弈是什么样的感受。

请部分幼儿分享与不同小伙伴对弈的感受。

教师小结：对弈时，有的小朋友对规则不熟悉，不清楚怎么走子，这样对方就能轻松地赢过他。有的小朋友对规则很熟悉，每次都能连续翻山，很快就能占领对方的领地。小朋友们要牢牢地记住规则，只有在下棋时认真思考，眼睛看清棋盘，这样才更容易获得胜利。

● 活动结束

教师总结今天的收获，师幼共同收拾整理。

活动反思

　　大班幼儿对走子方式有了一定的了解，但中班幼儿还不是很会运用这些方法。在活动中，中班幼儿在练习几次后对五子棋失去了兴趣，因为有的幼儿对规则不了解、总是输掉。教师在活动中应该设置更有趣的练习环节，激发幼儿的探索兴趣。教师对幼儿需要多加鼓励，引导幼儿找到没能获胜的原因，同时也要注意分组方式。在下一次的练习中，教师可以与幼儿共同回忆棋局，提高棋艺，增强幼儿信心。

活动实录图

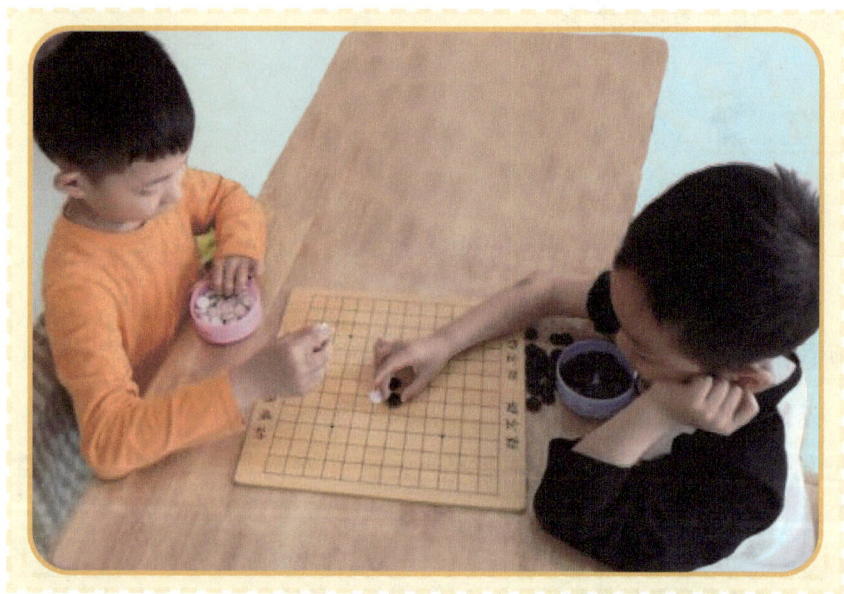

活动十：棋艺大 PK

活动目标

- 与社团不同成员进行比赛。
- 了解比赛规则，知道在活动中要遵守规则。
- 体验比赛的乐趣，感受成功的喜悦。

活动准备

跳棋、五子棋、奖状若干。

活动过程

- 复习规则和走子方式

师：今天就是大家期待已久的棋艺大赛，在比赛开始前还有一段练习时间，请大家找到自己的小伙伴，在约定的时间内开始练习吧！

- 跳棋比赛

教师讲解比赛规则：

师：比赛开始前我们先分队，小朋友们分为红蓝两队，每队每个小朋友都有自己的序号，一号对一号、二号对二号，以此类推，第二轮比赛时一号对二号、二号对三号，以此类推，最后看哪一队获得胜利的次数最多，哪一队就能获得胜利！如果在比赛过程中被裁判发现违反规则，累计两次就会被罚下场哦！

幼儿开始组队，并熟记自己的序号，

第一轮比赛：

师：比赛即将开始，小朋友们可要遵守规则，裁判会一直监督大家的！遇到问题也不要着急，认真思考我们平时用到的方法哪一个可以用上。

裁判发出口令，幼儿开始比赛。

第二轮比赛：

师：第一轮所有小朋友结束比赛后，第二轮比赛开始。第一轮小朋友们表现得很不错，都能够遵守规则，第一轮输了的小朋友也不要灰心，还有第二轮比赛，继续加油努力！

师：教师组织幼儿有序更换位置，有序依次进行比赛。

师：裁判发出口令，幼儿开始比赛，教师做裁判监督。

● 比赛结束

师：比赛结束了，小朋友们表现得都很不错！没有获得胜利的小朋友也不要灰心，坚持练习，在下一次比赛时赢回来，老师相信你们肯定能做到的！

● 颁发奖状

教师为获胜的幼儿颁发奖状，请幼儿发表自己的获奖感言。师幼共同讨论本学期下棋的感受和发现的小技巧。

活动反思

比赛分为中班组和大班组进行。因为教师在活动当中对规则讲解得不够清晰，导致活动中只有大班幼儿对规则比较清楚，迅速进入了比赛状态，有部分中班幼儿对比赛规则不是很了解，所以比赛过程中环节衔接不流畅。

活动实录图

（本课指导老师：龚袁极）

巧巧小手

● 年级组：中班、大班

　　刺绣作为中国传统文化的代表之一，其中凝聚着深厚的民族文化底蕴，展现着浓厚的中华文化与民族特色，也在历史舞台上广受欢迎和推崇，吸引了无数外国友人的目光。我园安排刺绣课程，是为了让幼儿更加了解中国传统文化，同时也能够提升他们的动手能力，激发他们对刺绣的兴趣。

活动一：刺绣工具杂谈

活动目标

- 认识刺绣工具，并知道它们各自的名字。
- 了解刺绣工具的用途及其安全使用。
- 初步尝试穿针引线、绷绣绷等。

活动准备

场地准备： 大六班活动室，桌子3张、椅子12张；刺绣环境创设"巧巧小手"区域。

材料准备： 刺绣视频，图片，实物刺绣工具一套。

活动过程

- **开始部分**

观看刺绣视频。

师：小朋友们，你们看到了什么？视频中用到了哪些工具？

- **基本部分**

1.分别出示工具图片，让幼儿知道它们的名字以及用途等。

2.实物刺绣工具一套，让幼儿看一看，摸一摸。

3.分别请幼儿把认识的工具介绍给大家。

4.教师示范绷绣绷，幼儿尝试绷绣绷。

5.讨论如何穿针、穿不上怎么办。

幼儿亲自尝试绷绣绷、穿针，教师指导。

教师小结： 刺绣的基本工具有绣绷、绣布、针线（包括毛线、丝带等）、剪刀、穿针器和画笔等；绷绣绷时注意一定要绷紧；穿针时要注意安全，穿不上时可以借助穿针器等。

- **结束部分**

听到音乐后幼儿将所有材料放回原处，和教师说再见后回到自己班上。

活动反思

　　幼儿对刺绣工具十分好奇，跃跃欲试，虽然实际操作中遇到了各种不同的困难，但通过反复探究，教师指导，多次练习，幼儿仍然兴致勃勃。

　　在这次活动中，幼儿认识了各个刺绣工具的用途和作用，并且知道它们各自的名字。通过教师的指导和鼓励，幼儿可以初步尝试穿针引线、绷绣绷等。

活动实录图

活动二：轮廓绣《爱心》

活动目标

- 认识了解刺绣的基本针法：轮廓绣。
- 掌握轮廓绣并能识别轮廓绣的针法。
- 初步尝试轮廓绣。

活动准备

场地准备：大六班活动室、桌子 3 张、椅子 12 张，刺绣环境创设"巧巧小手"区域。

材料准备：轮廓绣作品若干、轮廓绣视频、实物刺绣工具两套。

活动过程

- 开始部分

出示刺绣作品，幼儿观察。

师：它们都有一个共同点，是什么？

- 基础部分

观看轮廓绣针法视频并学习轮廓绣。

师：先绣什么？再绣什么？怎么绣的？

介绍今天的刺绣内容。

师：现在将作品的轮廓用刚学的轮廓绣法绣出来，再把自己的想法绣入爱心中。

教师示范针法，请幼儿观察并说一说。

幼儿初步尝试轮廓绣，教师指导。

教师再次示范轮廓绣，并提示幼儿关注重难点。

幼儿自主轮廓绣完成作品爱心，教师指导，师幼互评。

- 结束部分

听到音乐后幼儿收拾整理并将所有材料放回原处，主动和教师说再见后回到自己班上。

活动反思

本次活动终于开始"爱心"轮廓绣，幼儿刚刚接触刺绣，才开始尝试用工具，刺绣速度较慢，用了两节课才完成。大多数幼儿对轮廓绣和平针绣针法掌握较好，但是个别幼儿穿针有些难度，在刺绣时针脚排序有些凌乱。

活动实录图

活动三：豆针绣《薰衣草》

活动目标

- 认识了解刺绣基本针法：豆针绣。
- 掌握豆针绣并能识别豆针绣的针法。
- 初步尝试豆针绣。

活动准备

场地准备：大六班活动室、桌子 4 张、椅子 12 张、刺绣环境创设"巧巧小手"区域。

材料准备：豆针绣作品若干、豆针绣视频、豆针绣针法图解、实物刺绣工具两套。

活动过程

- **开始部分**

出示丝带豆针绣刺绣作品，幼儿观察。

师：花儿的花蕊和花瓣有什么不同？

- **基本部分**

幼儿观看豆针绣针法视频，幼儿学习豆针绣。

教师小结：先用豆针绣绣出花蕊，再用串珠法绣花瓣。

教师示范豆针绣，请幼儿观察并说一说。

1. 把布固定在绣绷上，拧紧。

2. 用剪刀在丝带一端剪一个斜角，穿针。先将丝带尾部用火烧一下，针从丝带尾部中间经过，打结；再将丝带另一端用火烧一下，针从这段丝带中穿过，拉平，这样可以使丝带固定在针上。

3. 将针从布下面穿出。

4. 让丝带在针上绕一圈，从同一点穿下，拉紧。这样，豆针绣就好了。

幼儿尝试用豆针绣绣一朵薰衣草，教师巡回指导。

● 结束部分

1.幼儿说说自己的困扰，以及是怎样解决的。

2.教师点评幼儿作品，和作品留个影。

3.听到音乐后幼儿将所有材料放回原处，并主动和教师说再见后安全回到自己班上。

活动反思

本次刺绣活动是第五节课，学的是第二种刺绣针法"豆针绣"，这对于刚刚学刺绣的幼儿有一定的难度，幼儿在绣的过程中都遇到了不少问题，而且都等着教师去解决。小旖小朋友思考出和老师不一样的绣法，小旖平时就是一个很独立和好学的宝贝，喜欢动手动脑。加上外婆是老师，对她的学前教育很重视，外婆也经常在家做十字绣，或多或少对她有些潜移默化的影响，可见家庭氛围对孩子的引导是很重要的。

活动实录图

活动四：锁链绣《棒棒糖》

活动目标

- 认识了解刺绣基本针法：锁链绣。
- 掌握锁链绣的针法，绣棒棒糖。
- 体验刺绣成功的喜悦。

活动准备

场地准备：大六班活动室、桌子 4 张、椅子 12 张，刺绣环境创设"巧巧小手"区域。

材料准备：锁链绣作品若干、锁链绣视频、锁链绣针法图解、绣绷 12 个、棒棒糖样图 12 份、实物刺绣工具两套。

活动过程

● 开始部分

出示刺绣作品，幼儿观察。

师：棒棒糖是什么样子的？

● 基本部分

观看锁链绣针法视频，学习锁链绣。

介绍怎样绣棒棒糖：先画出棒棒糖图样，用锁链绣绣出棒棒糖。

教师示范锁链绣，请幼儿观察：

1.把布固定在绣绷上，拧紧。

2.将毛线穿进针里并打结。

3.从 A 点出针，再把线从 A 点插入，B 点穿出，B 点出针时不要把针完全穿过去。

4.把线从左往右在针下面绕过，形成一个圈。

5.把针穿出来拉紧线圈，这样就完成了锁链的第一部分。

6.从 B 点入针（现在的 B 点在线圈里面），C 点出针（C 点在线圈的外面）。

7.再把线从左往右从针下面绕过去，然后拉出针形成第二个链圈。一直重复这几个动作直到完成图案。如图所示：

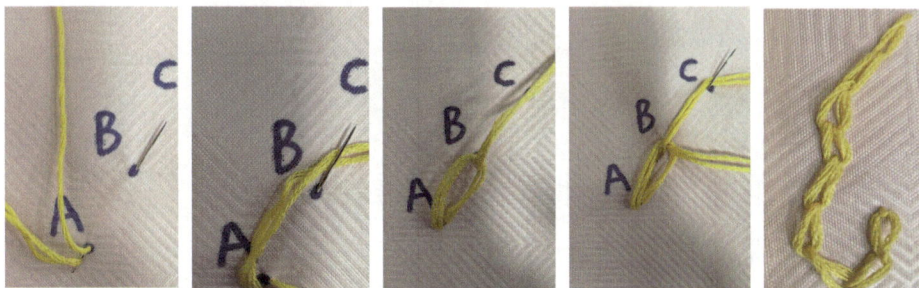

幼儿尝试锁链绣，教师指导。

● 活动结束

听到音乐后幼儿将所有材料放回原处，和教师说再见后回到自己班上。

活动反思

　　幼儿在刺绣时容易忽略两个地方，一是第二针入针找不到位置；二是第三针出针没有绕圈，绣不出锁链形状。教师要和幼儿一起分析锁链绣漏针的原因：要把针穿出来拉紧线圈，不要只顾把针拉过来；要观察每次入针的 B 点是否在线圈里面，线是否平直，再把线从左往右从针下面绕过去，然后拉出针形成第二个链圈，再继续下一环节。

活动实录图

活动五：玫瑰绣《玫瑰花》

活动目标

● 认识了解刺绣基本针法：玫瑰绣。

● 掌握玫瑰绣的针法，绣玫瑰花。

● 体验刺绣成功的喜悦。

活动准备

场地准备：大六班活动室、桌子 4 张、椅子 12 张，刺绣环境创设"巧巧小手"区域。

材料准备：玫瑰花图片若干、玫瑰绣视频、玫瑰绣针法图解、实物刺绣工具两套。

活动过程

● 开始部分

出示玫瑰花图片，幼儿观察。

请幼儿说出玫瑰花的特征。

师：玫瑰花是什么样子的？

● 基本部分

观看玫瑰绣针法视频。

学习玫瑰绣：

师：绣的是什么？用到了哪些针法？新针法有什么规律，第一针出针在哪里？第二针入针在哪里？第三针出针的时候要注意什么？

教师小结：新的针法叫玫瑰绣，先画出玫瑰花图样，用玫瑰绣绣出玫瑰花。玫瑰绣的针法是穿一针压一针，一直沿用这样的规律直到完成图案。

教师示范玫瑰绣，请幼儿观察：

1.把画有玫瑰花花样的布固定在绣绷上，拧紧。

2.找到针和穿针器进行穿针。

3.将需要进行玫瑰绣的圆形轮廓分成五等份做记号，同时作出中点记号，绣出支架。如下图所示：

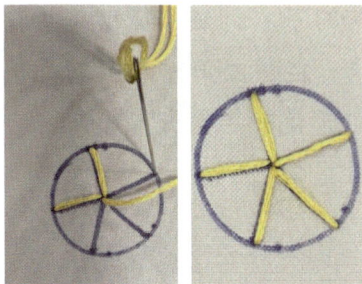

4. 然后围着中点进行绕线，绕线的方法是跳过一根挑起一根的穿编法，这样一直反复直至绕完整个蛛网。如下图所示：

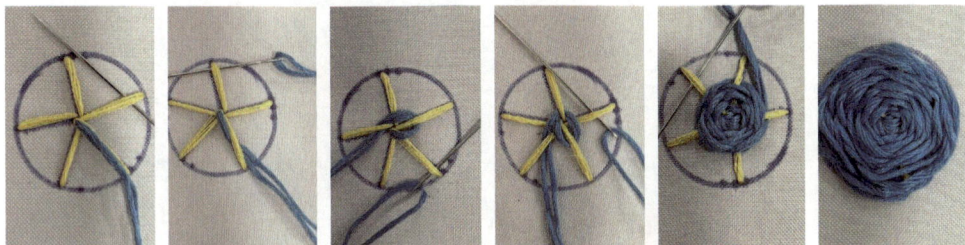

出示玫瑰绣图解，让幼儿尝试看图进行玫瑰绣绣玫瑰，教师巡回指导。

● 问题讨论

幼儿与教师一起探讨玫瑰绣中遇到的问题，以后怎么去解决？

问题一：个别幼儿一直穿线，没有压线。

问题二：绕圈时拉线的松紧度掌握不好，有的松了，有的紧了。

问题三：有的幼儿绣绷背后有很多线结。

● 展示与交流

讨论结束后，可以让幼儿互相展示一下自己的作品，互相交流分享自己的经验。

● 结束部分

收拾整理材料，和教师说再见后回到各班教室。

活动反思

玫瑰绣的刺绣规律对大班幼儿来说，比较容易掌握，能够独立完成，但在刺绣过程中，绕圈时拉线的松紧度掌握不好，有的松了，有的紧了。对于中班的幼儿来说就有些难度了，个别幼儿一直穿线，没有压线，有的幼儿绣绷背后有很多线结。针对这些现象，教师进行了个别指导，也在将作品展示后进行了分析总结，然后让幼儿自己通过实践掌握，这让幼儿很有成就感。

　　在这次活动中，主要是让幼儿更加熟悉刺绣的基本针法，能够掌握玫瑰绣的针法，成功绣出玫瑰花。同时，通过实践操作，能够更好地培养幼儿的动手能力和创作思维，提高幼儿的审美素养，传承和弘扬中华优秀传统文化，增强幼儿的民族自豪感。

活动实录图

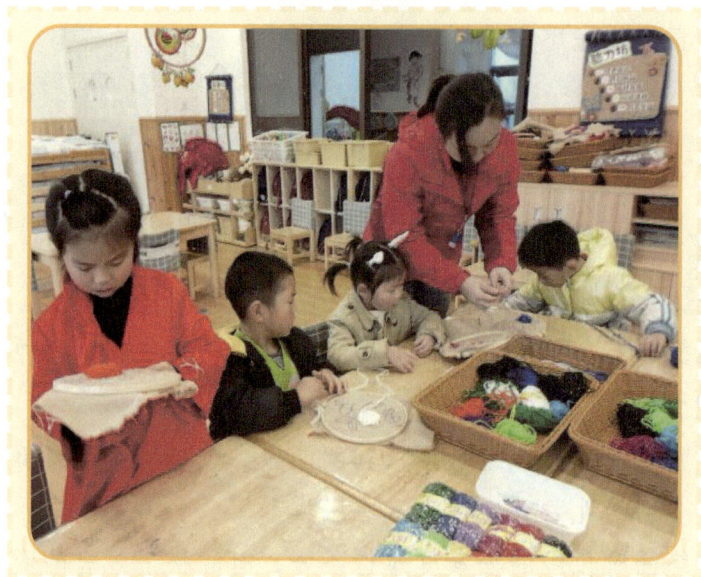

活动六：针法大聚会

活动目标

- 熟练运用刺绣的 4 种基本针法。
- 会使用刺绣工具，用学过的基本针法完成一幅作品。
- 欣赏刺绣工艺的美，体验刺绣成功的快乐。

活动准备

经验准备：幼儿学会平针绣、豆针绣、锁链绣和羽毛绣等几种基本针法。

材料准备：多媒体课件、绣绷、针线、穿针器、剪刀、麻布和刺绣图案等。

活动过程

- 活动导入

播放多媒体课件（幼儿活动情况、幼儿作品展），幼儿观看。

- 复习针法

观看视频，复习所学针法。轮廓绣——爱心、豆针绣——薰衣草、锁链绣——棒棒糖、玫瑰绣——玫瑰花。

教师再次逐一进行所学针法示范并解说。

- 学习新图案

出示本次刺绣图案，幼儿观察其中的针法。幼儿一起动手刺绣，教师巡回指导。提醒幼儿注意用针和用剪刀的安全。

刺绣完成后，教师和幼儿一起评价作品。

活动反思

　　幼儿对本次活动积极性很高，能够主动探究，解决问题。多数幼儿对所学针法已经忘记了，需要教师再次辅导。

　　在这次活动中，主要是让幼儿复习前面所学的针法，会更好地使用刺绣工具，用学过的基本针法完成一幅作品，并在这一过程中欣赏刺绣工艺的美，体验刺绣成功的快乐。

活动实录图

活动七：复习玫瑰绣《玫瑰花》

活动目标

- 复习巩固刺绣基本针法：玫瑰绣。
- 尝试遇到困难动脑、动手解决。
- 体验刺绣成功以及解决困难的喜悦。

活动准备

场地准备：大六班活动室、桌子6张、椅子12张，刺绣环境创设"巧巧小手"区域。

材料准备：玫瑰花图片若干、玫瑰绣视频、玫瑰绣针法图解、实物刺绣工具两套、多媒体课件。

活动过程

- 开始部分

出示多媒体课件，幼儿观察。

请幼儿说出玫瑰花针法的特征。

- 基本部分

再次熟悉刺绣工具的使用和用途。

强调刺绣活动的安全注意事项。

复习所学玫瑰绣针法。

增加难度，将原来的麻布改为白布，毛线改为刺绣线，毛线针改用刺绣针。

幼儿自己动手穿针、绷绣绷等。

幼儿自己大胆刺绣，教师巡回指导，鼓励幼儿遇到困难多动脑筋想办法自己解决。

- 结束部分

欣赏自己的作品，并作评价。

听到音乐后将所有材料整理收好放回原处，并主动和教师说再见后回到自己班上。

活动反思

　　新学期，第一节社团刺绣活动，没有教授新课，而是熟悉刺绣工具和复习上学期所学针法，教师没有讲解，也没有示范，让幼儿通过自己的记忆去摸索。由于假期里的练习时间几乎为零，幼儿对所学的刺绣内容有些淡忘。

　　面对幼儿依赖性强，自己解决问题能力缺乏的问题，解决方式有四种：1.鼓励幼儿自己动脑、动手解决问题；2.教师语言提示，启发式解决遇到的难题；3.及时表扬自己解决困难的幼儿；4.鼓励幼儿在家也要多加练习。

活动实录图

活动八：自由绣绣绣

活动目标

- 熟练运用 4 种刺绣基本针法。
- 会使用刺绣工具，用学过的基本针法完成一幅作品。
- 欣赏刺绣工艺的美，体验刺绣成功的快乐。

活动准备

经验准备：幼儿学会平针绣、豆针绣、锁链绣、羽毛绣等几种基本针法。

材料准备：多媒体课件、绣绷、针线、穿针器、剪刀、刺绣图案（漂流瓶、美人鱼、狮子、蛋糕、仙人掌、浇花姑娘等）。

活动过程

- 活动导入

播放多媒体课件（幼儿活动情况、幼儿作品展），幼儿观看。

- 观看视频，复习所学针法

平针绣、豆针绣、锁链绣、玫瑰绣、羽毛绣。

- 教师再次逐一示范并解说所学针法

出示本次刺绣图案，幼儿观察其中的针法。

师：本次刺绣材料与原来的有所不同，不再是用毛线在麻布上刺绣，而是用刺绣的专用绣线在刺绣布上进行。小朋友们先拿到自己喜欢的图案，认真观察它们是用哪些针法、哪种绣线来完成的。

- 巡回指导

幼儿一起动手刺绣，教师巡回指导，提醒幼儿注意用针和用剪刀的安全。

- 活动结束

幼儿相互欣赏作品。教师小结每个幼儿的刺绣情况。

活动反思

　　经过一学期的刺绣活动，幼儿有一定的经验积累，但我们不停地加深难度，提高要求，由原来的麻布改为细纹绣布，毛线改为绣线，双线改为单线，对幼儿手部的灵巧性和柔韧性锻炼是一种挑战，在刺绣的过程中难免会遇到一些幼儿自己不能解决的问题，如掉线、打结，绣绷松了等；还有的幼儿对所学针法有些忘记了，都需要教师的帮助和再次辅导，但幼儿仍然对刺绣有很大的兴趣，也非常耐心和细心地进行刺绣。

活动实录图

活动九：缎面绣《十二生肖》

活动目标

- 掌握缎面绣针法刺绣十二生肖。
- 能够独立自己穿针和打结，合理搭配颜色等。
- 养成细心操作的习惯，体验刺绣成功的快乐。

活动准备

经验准备：幼儿学会缎面绣基本针法。

材料准备：多媒体课件、绣绷、针线、穿针器、剪刀、十二生肖刺绣图案。

活动过程

- 活动导入

利用《十二生肖》儿歌，激发幼儿的刺绣欲望。

教师和幼儿一起念《十二生肖》儿歌，幼儿选择自己喜欢的生肖。

- 出示刺绣作品，探索缎面绣绣法

出示幼儿麻布绣作品和十二生肖刺绣作品，让幼儿比较这些刺绣作品哪里不一样？

播放视频，欣赏刺绣视频缎面绣法。

师：你们看到了什么？缎面绣要注意些什么？

教师重点示范缎面绣的刺绣方法：

1.首先要穿针和打结，其次找到起针的地方，最后一步一步顺着同一方向往前走，不回头。碰到拐弯的地方，步子要走得小一点，以此类推。

2.刺绣的时候，针跟着线走，线在上面，针要从上面往下戳，线在下面，针要从下往上戳。要合理搭配线的颜色，跟我们平时用蜡笔画画是一样的。换线的时候注意要先打结，再剪断线。

● 幼儿操作，老师巡回指导

指导幼儿正确穿针和打结。留意观察幼儿用针的方法掌握与否。提醒幼儿注意对称部分的针法要一样。

展示幼儿作品，幼儿欣赏。

师：你最喜欢哪幅作品，为什么？

活动反思

十二生肖是幼儿最喜欢的动物图案，针法很简单，都是平针绣，主要是训练幼儿的耐心，培养他们自己看图进行刺绣的能力。在需要绣弧形的地方，让幼儿自己探究用什么样的方法能够绣平整。在绣的过程中，吊针、打结的问题基本得到解决。但在绣弧形处，有些幼儿会不知所措，或绣得不美观；还有些幼儿在刺绣动物五官细节处，幼儿处理不够好，衔接不够自然，但还是能够大胆完成。通过刺绣，让幼儿了解了十二生肖的特征及排序等，又学会一些新的刺绣方法。

活动实录图

活动十：手绣党旗

活动目标

- 认识党旗的由来和使用。
- 用已学针法缎面绣刺绣党徽。
- 传承红色基因，激发爱国爱党情怀。

活动准备

课件准备：《认识党旗》多媒体课件、党徽刺绣针法视频。

材料准备：绣绷、红布、黄色绣线，画好的党徽图案等。

经验准备：熟悉缎面绣针法。

活动过程

- 听音乐导入

播放音乐《没有共产党就没有新中国》，教师出示党旗。

- 了解党旗

引导幼儿了解党旗的由来及使用。

播放《认识党旗》多媒体课件，引导幼儿了解党旗的由来和使用。

师：党旗的红色象征什么？黄色呢？党徽由哪两部分组成？

教师小结：党旗的红色象征革命，黄色象征光明；党徽由镰刀和锤子组成。

引导幼儿刺绣党旗，再次激发幼儿对刺绣的兴趣。

师：每年党都会在 7 月 1 日过生日，我们"巧巧小手"社团的宝贝们要给党送一点什么礼物呢？

播放绣党旗的视频，回顾缎面绣针法。

- 幼儿刺绣党旗，教师巡回指导

出示画好党徽图案的绣布，讲解刺绣针法，教师示范。强调刺绣的安全，幼儿刺绣，教师指导。

- 作品欣赏

展示自己绣好的党旗，提出自己遇到的困难，分享解决办法。

活动反思

　　本次活动是一项党史学习教育活动，重点是通过一针一线的刺绣表达热爱祖国、热爱党的感情。幼儿在刺绣过程中十分认真，也很严肃。虽然缎面绣针法是幼儿已经掌握了的，也比较简单，但也有幼儿在刺绣过程中遇到了不同的问题，如掉线、打结、刺绣针法（长针、短针）的运用等，但他们能努力想办法解决。通过自己动手、动脑刺绣党旗，更加了解党旗和党徽的来之不易，孩子们为自己而骄傲，为我们的党而自豪！

活动实录图

（本课指导老师：陈家秀、吴萍）

绳彩悦动

年级组：中班、大班

　　跳绳是一种常见的运动项目，它不仅有助于幼儿的身体健康，还有助于幼儿增强弹跳力。在本次课程活动中，幼儿能够一物多玩，体验创造性玩绳的乐趣，发展幼儿的想象力和创造力。

活动一：绳子怎么玩

活动目标

● 能探索出绳子的各种玩法，掌握玩绳的基本技能，发展幼儿的身体动作。

● 会一物多玩，体验创造性玩绳的乐趣，发展幼儿的想象力与创造力。

● 培养幼儿的合作意识。

活动准备

音乐、绳子每人一根，幼儿有跳绳和一物多玩的经验。

活动过程

● 热身运动

听教师口令，练习跳跃及上肢动作。

引导幼儿向前跳，向后跳，向上跳，蹲跳，向左跳，向右跳，单、双脚跳，向后绕，单、双手绕，举起手臂绕等。

游戏：与我说相反。

玩法：师说向上跳，幼则蹲跳，师说向前跳，幼则后跳。发展幼儿动作的灵敏性。

● 基本部分

幼儿自由探索跳绳的各种玩法，体验创造性玩绳的乐趣，在教师的引导下，相互交流示范各自的玩法。

1. 练习套和跳的玩法：将绳子的两头扣在一起套圈，将绳圈摆在地上练习单、双脚跳圈，或将两根绳子平行摆好，练习单、双脚跳过小河。

2. 练习平衡走的玩法：在一根绳子上走钢丝，在两根绳子中间走小桥。

3. 练习跑的玩法：做揪尾巴、骑马的游戏。

4. 练习上肢的玩法：单、双手绕绳、手臂举起绕绳，将许多根跳绳连接在一起做舞龙游戏等。

引导幼儿探索合作玩绳的方法，培养幼儿的合作意识。

1. 幼儿自由结伴，2人、3人或多人合作探索跳绳的玩法。

2. 请幼儿相互交流合作玩游戏的方法。

3. 幼儿自愿组合成若干小组，玩自己喜欢的游戏。

● 放松运动

随着音乐做"骑马"的放松动作。

活动反思

在活动中，探索了绳子的多种玩法，充分调动了幼儿参与跳绳活动的兴趣，发展了幼儿的想象力和创造力。活动安排既有个人自由探索，又有小组探索，教师在幼儿自由探索时，能够较多地观察幼儿，发现幼儿找到的好的玩法，从而介绍给其他幼儿。通过小组探索，培养了幼儿的合作意识。

活动实录图

活动二：徒手练习双脚并拢跳

活动目标

● 学习徒手跳绳的方法，尝试手脚协调地进行游戏。

● 发展身体的协调性和灵敏性。

● 能与同伴合作，快乐地进行游戏。

活动准备

绳子人手一根，音乐。

活动过程

● 热身运动：短绳操

师：请小朋友们每人拿一根绳子，像这样对折以后，拿住绳子的两端，跟着陈老师一起来做热身运动。

游戏活动，让幼儿听音乐做小兔跳的动作。教师朗诵儿歌，点燃幼儿参与活动的愿望。

● 学习徒手跳绳的方法

按节奏徒手模仿跳绳动作：

教师示范跳绳，请幼儿仔细观察教师的动作，并说一说教师是怎么跳绳的。幼儿分散按节奏徒手模仿跳绳动作，在幼儿练习的过程中，教师在一旁指导幼儿的动作。

游戏活动——跳过小沟：

创设情境：今天，兔妈妈要教小兔宝宝们一个新的本领。

布置场地：请每组的组长把绳固定在自己组的前面。

交代任务：这里有一条小沟，小沟的周围都是泥。今天我们要学的本领就是跳过这条小沟，不能掉到泥里。

教师边示范边讲解：双脚并拢，手腕由后向前转动模仿甩绳动作然后向前跳，前脚掌轻轻落地。

教师纠正个别幼儿的动作。要求幼儿完成后再跑回来拍第二个人的手。

游戏活动——拔萝卜：

创设新的游戏环境：兔妈妈在小沟的对面发现了一片萝卜地，我们可以用我们新学会的本领跳过小沟去拔萝卜。

布置场地：将玩具萝卜撒落在绳子的另一头，作为萝卜地。

幼儿练习1～2次。

● 放松活动

幼儿听音乐跳一跳快乐的集体舞《朋友舞》。

活动反思

在活动中，刚开始的游戏活动成功地点燃了幼儿参与活动的热情，然而，随着活动进入跳绳技能技巧的教学阶段，因没有充分调动幼儿参与跳绳活动的乐趣，很大程度上限制了幼儿的想象力和创造力的发挥。

在这次活动中，幼儿主要学习了徒手跳绳的方法，尝试手脚协调地进行游戏，发展了身体的协调性和灵敏性。同时，幼儿通过与同伴合作，共同在快乐的氛围中进行游戏。

活动实录图

活动三：单手摇绳

活动目标

● 熟练掌握单手摇绳的动作，知道单手摇绳的动作要领和练习方法。

● 增强幼儿身体的灵活性、协调能力和表现力。

● 感受音乐节奏与运动节奏相融合的和谐美，激发幼儿参加跳绳活动的快乐情绪。

活动准备

绳子人手一根，音乐。

活动过程

● 热身运动：勇士热身操

听口令，练习跳跃及上肢动作。教师重点指导跳的动作。教师朗诵儿歌，点燃幼儿参与活动的愿望。

● 学习单手摇绳

师：森林里发现了宝藏，却有很多怪兽看守着，我们只有打败了怪兽才能得到珍贵的宝藏。

请幼儿带上绳子出发，越过路上的障碍，挥舞绳子寻找宝藏。

讨论：我们该怎么办？鼓励幼儿自由消灭怪兽的各种方法。

引导幼儿尝试相互合作的方式，学会单手摇绳。将跳绳对折起来，单手握绳柄，可以单脚或双脚跳，也可以两脚轮换跳通过障碍。

争夺宝藏比赛：

1.讲解规则：两队幼儿双手拿绳摇绳向前跳过障碍，然后将宝藏放在包里，带回自己的"家"，哪队带回的宝藏多就为胜利。

2.为找到宝藏的勇士们颁发勇士奖章。收拾整理好我们的武器装备。

● 放松活动

师：让我们放松一下，两个好朋友之间相互捶背，捏手臂，抖一抖手臂等。

活动反思

　　社团的幼儿喜欢具有挑战性的游戏，设计一些比赛性质的游戏，幼儿可以自行结伴游戏，也可小组之间进行游戏，比比看哪一组更厉害。这既培养了伙伴间的合作能力，也激发了幼儿的活动兴趣和竞争意识。

　　这次活动主要是让幼儿熟练掌握单手摇绳的动作，知道单手摇绳的动作要领和练习方法，在这个过程中增强自身的身体灵活性、协调能力和表现力，感受音乐节奏与运动节奏相融合的和谐美，激发幼儿参加跳绳活动的快乐情绪。

活动实录图

活动四：单手、双手甩绳

活动目标

● 学会单手、双手甩绳，发展玩绳的技巧。

● 锻炼幼儿手臂的力量，训练动作的协调性和灵活性。

● 感受音乐节奏与运动节奏相融合的和谐美，激发幼儿参加跳绳活动的快乐情绪。

活动准备

每人一条短绳，音乐。

活动过程

● **热身游戏：短绳操**

师：今天的天气真好，小朋友们想不想去森林里和小动物们玩耍呀？

师幼跟随音乐排成一路纵队踏步进场。（播放《巡逻兵进行曲》）

师：今天的天气真好，让我们一起做运动吧！（播放《健康歌》）

● **学会单手、双手甩绳**

师：小朋友们，现在小动物们还没有出来，我们先玩个游戏吧。看！今天我带来了什么？（教师出示绳）对，你们知道绳可以怎样玩吗？

自由探索，尝试甩绳：

幼儿自由探索玩法（教师观察），请几名幼儿示范一下他们是怎样玩绳的。

师：刚才小朋友的办法真好，今天我们就来学甩绳这个新本领。

动作要领：双脚站稳，双手紧抓把手，接着以背部、核心肌群、三角肌、股四头肌、臀大肌牵动绳子，两手同时大力上下甩绳。

幼儿拿绳反复练习几次。

请动作标准的幼儿示范并说说自己是如何甩的？

教师小结：我们刚刚学会了甩绳的本领，赶紧告诉小动物们吧！

体验游戏，巩固甩绳：

师：小朋友们，我刚接到小动物们的求救信号，它们被大灰狼抓到狼堡里啦！今天我们做小猎人，一起去打败大灰狼，好不好？

请幼儿探讨游戏规则，讨论如何越过障碍物去营救小动物们，并请个别幼儿示范。分两组进行比赛，看哪组幼儿先把大灰狼打败，教师来回巡视。

师：小朋友们的本领真大，把大灰狼打败了，你们觉得开不开心？现在让我们赶紧把小动物们救出来吧！

● 放松活动

幼儿在音乐的引导下做转头、捶肩、拉伸下肢身体等动作。

活动反思

活动富有情景性、游戏趣味性。教师在整个活动中以故事情节贯穿始终，使幼儿自然地投入游戏角色之中，幼儿学得轻松，玩得开心。幼儿从活动开始就热情洋溢地进入故事情节，跃跃欲试，热情高涨，有效推动了自主学习。

活动实录图

活动五：双手摇绳配合弹跳

活动目标

- 学习双手摇绳然后配合双脚并拢向上跳。
- 增强动作的协调性，有效锻炼幼儿腿部肌肉的跳跃能力。
- 培养幼儿不怕失败、不断努力的坚韧精神。

活动准备

绳子人手一根，音乐。

活动过程

- 热身游戏：跟我学

幼儿手拉手绕操场围成一个大圈，进行热身游戏——跟我学。

- 基本部分

复习徒手双脚并拢跳：

师：森林里，田野里，有一只会跳的小动物，它是农民伯伯的好朋友，专吃害虫好帮手。它是谁？哪位小朋友会模仿它？请小朋友来示范一下。（幼儿在圈中间范跳）

师：我们跳绳的跳跃方法和小青蛙的跳法有所不同，小朋友们还记得怎么跳吗？（播放音乐）接下来请大家在原地一起练习一下吧。

学习双手摇绳然后配合双脚并拢向上跳：

师：庄稼地里出现了许多害虫，需要小青蛙们用武器来赶跑它们，还记得你们上次是怎么打败大灰狼的吗？请小朋友来示范一下。

师：现在请大家一边跳着一边双手摇绳赶走讨厌的害虫。（播放音乐）

教师巡回指导幼儿。

师：今天我们来比一比哪一队小朋友像小青蛙一样厉害。三队小朋友要双手摇绳依次跳越障碍，每一位小朋友跳完之后返回出发的地方拍下一位小朋友的小手，下一位小朋友才能开始跳。先跳完的一队为胜利队伍。（请幼儿示范，跳完后自觉排到队伍末尾）。

● 放松运动

播放音乐跳青蛙操，小朋友们变成青蛙，自由跳跳、动动、拉拉手，一起来跳一跳，放完音乐结束。

活动反思

双人跳绳是利用一根绳子，两人在积极配合下完成的技术动作。方法有很多种，如：一人摇绳两人一起跳，两人摇绳一人跳，两人摇绳一起跳等。因此在上课之前可以先玩一些双人配合的游戏，增加默契感。接下来复习单人跳绳，再次强调动作要领，然后两人一组开动脑筋探索双人跳绳的方法。

活动实录图

活动六：摇绳和停绳

活动目标

- 熟练掌握从后向前甩绳，在脚尖前停绳的方法。
- 锻炼手部肌肉的灵活性及协调性。
- 培养幼儿不怕失败、不断努力的精神。

活动准备

绳子人手一根，音乐。

活动过程

- **热身运动**

幼儿手拿跳绳"开着直升机"进入活动场地，在教师的带领下听着音乐做运动。（提醒幼儿把跳绳放在地上）

- **创设活动情境**

引出活动主题，创设情境：

师：马棚里住着一匹老马和一匹小马，有一天，小马要帮助老马把粮食送给奶奶，去奶奶家的路途中要跨过一条河。

穿过障碍，练习双脚并拢跳：

教师示范讲解游戏玩法，幼儿自由游戏。

教师总结：跳的时候要双脚并拢，脚尖先着地。到终点后从队伍两边跑回来，排在队尾。

学习摇绳和停绳：

正摇绳：两手握绳，两臂自然屈曲，将绳置于身后，两手腕、手臂协调一致用力，将绳向上、向前抡起，当绳抡至头以上位置时，两手臂不停顿继续向下、向后抡绳，使绳绕身体周而复始运动。开始时，以两肩为轴，双臂双手腕同时用力，手臂抡绳动作比较大地从后向前甩绳，让绳在脚尖前停下。

停绳方法：当跳绳由后向前摇转时，一脚向前伸，脚跟着地，脚尖抬起，使跳绳中段停在脚掌下。

教师讲评：技术熟练后，幼儿手臂抡绳的动作幅度可逐渐减小，以两肘为轴，用两前臂和手腕配合摇绳。十分熟练后，可仅以手腕动作来摇绳。

● 放松运动

教师小结游戏情况，对认真练习的幼儿提出表扬。教师带领幼儿一起跳舞《太阳的宝贝》，放松整理。

活动反思

幼儿对跳绳非常感兴趣，只是有的幼儿手脚还不是很协调，无法熟练地用两手腕的动作来摇绳。但大多幼儿学会了跳绳，相信在继续练习中，幼儿会更加熟练。

这次活动主要是为了让幼儿熟练掌握从后向前甩绳，在脚尖前停绳的方法，以及锻炼手部肌肉的灵活性和协调性，同时还能培养幼儿不怕失败、不断努力的坚韧精神。

活动实录图

活动七：并脚跳绳

活动目标

● 初步掌握向前甩绳，双脚并拢向上跳的方法。

● 探索绳子的多种玩法，通过思考跳绳的其他玩法，发展创造思维。

● 能与同伴合作，协调地进行跳绳和荡绳。

活动准备

绳子人手一根，音乐。

活动过程

● 开始部分

进行热身运动，教师带领幼儿做上肢运动、下蹲运动、体侧运动、体转运动、腹背运动、跳跃运动、空手跳绳练习。

● 双脚并拢向上跳

学习跳绳，重点讲解双脚并拢向上跳的跳绳方法。

师：今天我们要学习单人跳绳，谁会跳？请你到前面跳一跳，我们一起来看看是怎么跳的。

师：请你说说你是怎么跳的？大家看清楚他是怎样跳的吗？谁来试试？

教师小结并示范：我们跳绳的时候，双手拿着绳柄，双手摇绳向前甩，双脚并拢跳过绳。

教师带着幼儿练习动作，组织幼儿练习跳绳的动作，交代组织事项。

师：我们在练习跳绳的时候，要与旁边的人保持距离，以免跳绳的时候误伤到他人。

教师巡回指导幼儿练习跳绳。

游戏活动：帮农民伯伯收玉米

游戏规则：在老师说完3、2、1开始后，两队幼儿跑向终点，在终点连续并脚跳绳10次，将玉米放在包里带回自己的"家里"，哪队先完成即获胜。

● 放松活动

师：让我们开始放松活动，两个好朋友之间相互捶背，捏手臂，抖一抖手臂等。

活动反思

幼儿能够积极参与跳绳游戏，兴趣很高，符合幼儿年龄阶段的发展。有个别幼儿不能坚持，没有耐性，觉得自己不会就不再练习跳绳了，此时教师要给幼儿加油鼓励并耐心指导，幼儿重新继续练习跳绳，最终效果不错。

这次活动中，我们主要是让幼儿初步掌握向前甩绳、双脚并拢向上跳的方法。同时，能自主探索绳子的多种玩法，通过思考跳绳的其他玩法，发展创造思维。

活动实录图

活动八：快速跳绳

活动目标

● 知道跳绳后身体的变化，以及跳绳的好处。

● 掌握灵活运用绳子做各种动作的技能，增强弹跳力。

● 提高参加跳绳活动的积极性，培养阳光向上的性格。

活动准备

绳子人手一根，音乐。

活动过程

● 热身操：短绳操

师：请小朋友们每人拿一根绳子，像这样对折以后，拿住绳子的两端，跟着陈老师一起来做热身运动。

师：小朋友们，你们累不累啊？你们的身体有没有发生什么变化？比如说心跳、呼吸有没有加快？（引导幼儿关注自己的身体是否有变化，如心跳、呼吸是否加快，有没有出汗等）

● 连续跳绳

自由练习连续跳绳：

师：小朋友们都拿着一根绳子，你们能连续跳几个？你们都这么能干，那我们等会儿就来比比看，看谁连续跳得最多。

师：不过在比赛之前先请小朋友们自由练习，可以一边跳一边数，数数看自己跳了几个。陈老师的要求是连续跳，不能断掉或者停下来，如果停下来了，就重新开始数。小朋友们听明白了吗？跳绳的过程中要注意什么问题？

师：请每个小朋友找一个比较空的地方原地练习，如果陈老师拍手叫你们停下来，小朋友们就要很快停下回来集合，能做到吗？

进行跳绳比赛：

师：我看到很多小朋友都能连续跳很多个了，那我们就开始比赛。

1.讲解规则。

师：在老师说完"3、2、1，开始！"后，小朋友们就开始跳，如果中间断了，就停下来站到一边，看剩下的小朋友谁能坚持到最后。每个小朋友都在心里数自己跳了几个，小朋友们要诚实哦，断了就停下来看其他小朋友跳，不可以再接着数了，你们能做到吗？你们准备好了吗？

2.宣布开始。

师：3、2、1，开始！

3.幼儿两两结伴，一人跳，一人数数。

师：刚刚我们进行了一次比赛，有的小朋友表现得很棒，跳得最多。不过老师看到其他小朋友之前也练得很好，可能在老师说开始的时候还没完全准备好，那现在我们每个小朋友都去找一个小伙伴，两人一组，一个人跳，另外一个人帮他数数，跳完了再交换。（分开结伴跳）

师：（集合后）小朋友们有跳得比前一次多吗？你们跳了这么久累不累啊？现在跟刚才做完热身运动的时候比，身体有不一样的变化吗？

（再次引导幼儿发现自己心跳加快、呼吸急促、冒汗等身体变化。）

● 我的身体在变化

师：我现在要放松休息一下。小朋友们觉得绳子不用来跳还可以用来干吗？可不可以摆成各种形状的东西？

师：那陈老师请你们来试试看，可以自己一个人，也可以找几个好朋友一起，用手上的绳子摆出不一样的东西，摆好以后我们一起来欣赏一下。

师：小朋友们很有想法，可以用绳子摆出各种各样的形状，我们用绳子玩了一场安静的游戏。

师：现在跟刚才跳绳的时候比你们觉得身体有什么变化吗？小朋友们有没有发现在我们跳绳、运动的时候，身体有怎样的变化？那休息、不运动的时候呢？这就是运动和身体变化的关系。

（启发幼儿发现：跳绳的时候，心跳加快，呼吸急促，有点气喘吁吁，身上还出汗了；不运动的时候心跳恢复正常跳动，呼吸也慢慢平静下来，不那么急促了。）

活动反思

通过本次玩绳游戏，幼儿能感知心跳、呼吸等身体变化，也知道了运动有益于身体健康，更加激发了幼儿乐于参与运动，对跳绳的热爱。在比赛环节，幼儿都很积极，一些不怎么爱跳绳的幼儿得到了同伴的关注和教师的鼓励之后也积极起来。

在这次活动中，主要是为了让幼儿知道跳绳后身体的变化，以及跳绳的好处。在这一过程中幼儿能够灵活运用绳子做各种动作，增强弹跳力。还能提高幼儿参加跳绳活动的积极性，培养幼儿阳光向上的性格。

活动实录图

活动九：变速跳短绳

活动目标

● 探索、学习用跳绳锻炼身体的不同方法，熟练跳绳的基本技能。

● 灵活运用绳子做各种动作的技能，增强弹跳力。

● 提高参加跳绳活动的积极性，培养阳光向上的性格。

活动准备

跳绳若干，音乐，三色圈若干、小兔胸饰。

活动过程

● 准备活动

师：猜猜我是谁？你们都是小兔子，我是兔老师，兔老师要带你们去玩闯关游戏，你们愿意吗？在我们的闯关游戏开始之前，我们先来做一段热身运动，活动一下我们的身体，准备好了吗？

站成体操队形，在教师的带领下幼儿做热身运动：上肢、体转、腹背、踢腿、下蹲、四肢、整理等关节运动。

● 自由探索

自由探索用绳子进行锻炼的方法：

师：今天我们来探索跳绳的各种玩法，看谁的方法好，方法多。

幼儿四散在场地中自由探索跳绳的各种玩法，教师巡回观察、指导，要求幼儿注意安全。

请几名幼儿展示自己用绳锻炼的方法，交流绳子锻炼身体的好方法，教师进行讲解与鼓励。

在教师的指导下集体用绳子进行锻炼：

1.呈早操队形，将绳子放在点位上，听教师口令向前、向后连续跳跃。

2.分小组连续双脚跳过地面的一条条绳子。

游戏：小兔闯关

幼儿分成两组，一组站在场地的起点，另一组站在终点。两两结对左右站立，各用左右手拉起绳子，听到信号后跑到终点，网住一只小兔子就表示营救成功。

● 放松运动

教师评价幼儿游戏比赛情况。表扬能够克服困难、有团队精神的幼儿。

教师带领幼儿做放松运动：耸耸肩、摇摇手、转手腕、扭扭腰、甩甩腿和转脚踝等。

幼儿两两互相放松，帮同伴捏捏肩、捶捶背、甩甩手等。

活动反思

幼儿在活动中感受深刻，彼此团结友爱、互相尊重。他们之间宽容理解，充满欢声笑语。即使个别小组遭遇失败情绪低落，但在自由交流中，他们明白了"失败是成功之母"的道理。他们深知，锻炼身体、身体健康才是最重要的。

活动实录图

活动十：跳绳大擂台

活动目标

● 掌握用跳绳练习的方法，了解跳绳运动的相关知识。

● 能灵敏协调地做跳跃动作，发展幼儿的弹跳能力。

● 提高幼儿参加跳绳的积极性，培养幼儿的合作意识和良性竞争意识。

活动准备

跳绳若干，音乐。

活动过程

● 幼儿入场，做准备运动

幼儿手拿跳绳以跑跳的形式进场。

热身运动：播放《健康歌》，幼儿在教师的带领下听着音乐有精神地做运动（提醒幼儿把跳绳放在地上）。

● 幼儿自由探索跳绳的玩法

教师鼓励幼儿相互探索跳绳的玩法。教师加以引导。

师1：小朋友们，刚才我们进行了跑跳，跳绳还能怎么玩呢？今天呀，我们就一起来玩一玩手中的跳绳，刘老师想看看哪个小朋友玩得最好，看看小朋友谁的玩法最多？把你的玩法介绍给大家，可以吗？

请个别幼儿展示探索结果，师幼一起来做一做。（请个别幼儿示范，师幼跟着学）

教师示范动作，幼儿挑战。

师1：刚才小朋友们都展示了玩跳绳的方法，刘老师这里还有其他的玩法要介绍给大家，要不要一起来玩一玩？看看我们的小朋友能不能顺利地完成每个玩法。

1.双脚跳过横放在地上的跳绳。

2.单脚跳圈。

3.幼儿人手一根一米长的短绳，两手拉紧跳绳的两端，双脚踩在跳绳的中间部位，两手拉紧跳绳，双脚用力向前跳。

双人跳绳：

师2：接下来我要教给你们一个新的跳绳玩法，请刘老师和我一起来完成。陈老师和刘老师是怎样跳绳的呢？我们去邀请小伙伴来跟刘老师一起跳吧。

● 游戏结束

幼儿随着音乐放松身体有序回教室。

活动反思

幼儿对跳绳游戏展现出了极高的参与热情与浓厚兴趣，这完全符合他们的年龄阶段特点。然而，个别幼儿因缺乏坚持与耐性，一旦感到困难便选择放弃跳绳练习。针对这一情况，我结合《3~6岁儿童学习与发展指南》给予幼儿鼓励与耐心的指导，使他们重拾信心，继续练习跳绳。经过努力，幼儿的跳绳效果得到了显著提升。

活动实录图

（本课指导老师：陈成、刘霞、王小娟）

水墨轻舞

● 年级组：中班、大班

　　书法是中华文化的瑰宝，是中华民族传统艺术的重要组成部分。在书法活动中能够培养幼儿的审美能力、观察能力、艺术创造力和文化品位，对于提升幼儿综合素质和培养他们学习文化艺术的兴趣具有重要意义。我国开设书法社团主要是为了让幼儿体会书法带来的乐趣，激发幼儿的兴趣。

活动一：认识毛笔

活动目标

- 认识毛笔。
- 演示各种笔法，让幼儿体会和掌握笔毫在点画中的变化。
- 认识和运用各种笔法。

活动准备

干净的毛笔一支，清水一杯，毛边纸。

活动过程

- **认识毛笔**

毛笔的笔头一般都是兽毫做的，柔软而有弹性，它能写出轻重浓淡、干枯湿润、方圆多变的笔画来，也正因为如此，毛笔书写才富有魅力。

- **毛笔种类**

根据笔毫原料及性能，毛笔可分为硬毫笔、软毫笔和兼毫笔。

硬毫笔主要使用黄鼠狼尾毛或兔毛等制成，又分别叫狼毫和紫毫，特点是弹性大、硬度强，写出来的笔画劲利挺健。

软毫笔主要选用羊毛或鸡毛制成，又分别叫羊毫和鸡毫，特点是弹性小、柔软湿润，写出来的笔画丰满而富有变化。

兼毫笔是指在一支笔内兼用了软硬两类笔毫，其性能介于硬毫笔和软毫笔之间，刚柔相济，软硬适中，如白云笔。

按笔头的大小来分，毛笔可以分为大字笔、中字笔和小字笔。比大字笔大的还有提笔、斗笔、揸笔等。

依据笔毫的长短，毛笔还可以分为长锋笔、短锋笔。

- **毛笔的构造**

毛笔由笔杆和笔头组成。笔头又细分为笔锋、笔腹、笔根三个部分。

这三个部分在书写过程中各自发挥着不同的作用：笔画中最细的部分和出尖儿的部分是笔锋写成的，笔画中等粗细的部分是用笔腹写出的，笔画最粗的部分是用笔根写出的。

活动反思

　　通过第一次活动，教师对幼儿的情况有了初步的了解，没有学习书法的基础，连基本的抓毛笔姿势都不会，因此本节课对幼儿的坐姿，以及对毛笔的种类、构造、保养和抓笔姿势进行了学习。通过学习幼儿对书法艺术的魅力有了初步的认识，幼儿也在好奇中期待新的知识。

活动实录图

活动二：正确握毛笔

活动目标

- 掌握正确握笔的方法。
- 培养幼儿的手部协调能力。

活动准备

毛笔，毛边纸，墨汁。

活动过程

- **毛笔握法**

普遍采用的执笔方法是五字执笔法。五字执笔法也叫"拨镫法"。它的特点是五指齐力，既可紧执笔管，又舒适自然，便于书写。

五字执笔法将执笔的方法及五个指头的职责概括为五个字，即擫、押、钩、格、抵。

擫：即用大拇指指肚贴住笔管左侧，与食指相对用力。

押：食指中关节上突，指尖下倾，用指头的指肚处触管，与拇指相对用力。

钩：中指弯曲，与食指轻轻相并，指尖下倾，指肚触管，钩住笔管向掌心方向用力。

格：无名指爪肉交界处抵住笔管，用力与中指基本相对。

抵：小指自然弯曲，贴在无名指旁边，辅助无名指用力。

- **书写方法**

用腕——枕腕法、悬腕法、悬肘法。

发力——运指法、运腕法、运肘法。

执笔——执笔高的字飘逸，适宜写行草或草书，但易浮滑；执笔低的字沉稳，适宜写篆书、隶书、行书、楷书，但易呆板。

身法——坐势、立势。

- **握笔练习**

幼儿进行握笔练习，通过画圆或者线条来训练幼儿的手部协调能力，同时帮助他们熟练掌握正确握笔的方法。

● 书写养成好习惯

在握笔练习中，及时引导幼儿养成良好的书写习惯，保持正确的坐姿。幼儿根据教师的指导，完成书写练习，教师做巡回指导。

活动反思

通过教学活动，使幼儿发现自己的能力，建立起大胆创造的信心，让幼儿在动手操作的过程中充分表现自己潜在的创造力，这种创造的过程将会使幼儿体会成功。这次活动是为了让幼儿能够很好地学习和掌握握笔的方法，同时能养成良好的书写习惯和保持正确的坐姿。

活动实录图

活动三：认识藏锋、回锋、中锋

活动目标

● 认识藏锋、回锋、中锋。

● 通过各种笔法的演示，让幼儿体会和掌握笔毫在点画中的各种变化。

● 认识和运用各种笔法。

活动准备

干净的毛笔一支，清水一杯，米字格毛边纸。

活动过程

● 复习

师：小朋友们，上节课我们认识了哪些东西呢？我们一起来回顾一下吧！

● 导入

用锋与用毫：

毫——长而尖锐的毛。笔毫即是毛笔中兽毛的部分。

锋——刀剑等器械锐利或尖端部分。笔锋即是毛笔中的尖端部分。

师：我们今天来认识和运用笔法。笔法，就是正确地使用毛笔的方法，亦即毛笔在点画中运行的方法。

● 笔法的分解

师：写每一个笔画都有起笔、行笔、收笔三个阶段。每个阶段都有不同的笔法。

起笔的三种笔法：顺锋、侧锋、藏锋

顺锋是锋尖儿方向与笔画的方向在一条线上而方向相反，开始尖细，后面越来越粗。

侧锋和顺锋相同的地方都是锋尖儿外露，不同的是，侧锋要有个转折顿挫的过程，落笔后经过转折再入正轨。

藏锋要把笔锋裹藏在笔画里，不露锋尖，"欲右先左，欲下先上"，比侧锋多了逆笔和转折的动作。

行笔——铺毫、平移、提按和转折

铺毫就是把笔毫铺展在纸上，使每根笔毫都发挥作用。行笔时笔毫铺开，两侧锋毫的轨迹，构成了笔画外沿的线条形态。这种运行状态就是"中锋行笔"。用这种方法写出来的笔画圆润丰满。

平移就是笔毫在纸上不作上下的运动，仅作平行于纸面的中锋移动。平移的线条没有明显的粗细变化，可作直线或弧线运行。

提笔和按笔指的是行笔时将笔管提起或按下。提笔运行写出的笔画比较细，按笔运行写出的笔画比较粗。经过提按的变化，笔画形态更加丰富多彩，富于节奏和韵律。

转笔和折笔是两种笔画变换方向的方法。转笔是在行笔时逐渐转过笔锋，形成弧线。折笔是在行笔时先提笔，然后再按笔、转笔变换方向，折笔其实是横画和竖画的组合。

收笔——回锋、放锋

回锋是笔画结束时把笔锋回收在笔画之内，不露锋尖儿。放锋是在收笔时把笔管逐渐提起，使笔收拢，让笔锋放出去，使锋尖儿露出。

● 结束活动

在练习笔法的过程中，教师要及时引导幼儿养成良好的书写习惯，保持正确的坐姿。幼儿根据教师的指导，完成笔法练习，教师做巡回指导。

活动反思

本节课对幼儿的坐姿，以及对毛笔的种类、构造、保养和抓笔姿势进行了学习。通过学习，幼儿对书法艺术的魅力有了初步的认识，有利于他们在好奇中期待学习新的知识。

这次活动，使幼儿感受和认识书法的美，培养幼儿对书法的兴趣。主要让幼儿认识到了藏锋、回锋、中锋，同时通过各种笔法的演示，让幼儿体会和掌握笔毫在点画中的各种变化，让他们在接下来的学习中能够更好地掌握和运用各种笔法。

在第一次活动中，教师让幼儿认识到了毛笔，并且还演示各种笔法，让幼儿体会和掌握笔毫在点画中的各种变化。第二次活动让幼儿掌握了握笔的方法，培养了幼儿的手部协调能力，同时初步掌握书法的基本技巧，能够培养幼儿对书法的兴趣和热爱，也能够培养幼儿的精细动作和手眼协调能力，更能够培养幼儿的观察能力和审美能力。

在活动中能够帮助幼儿了解中国传统文化中的书法艺术。在后面的活动中让幼儿能够了解两种横的结构特点，掌握两种横的运笔方法和书写步骤，学习几个不同形态的点、悬针竖、短撇、捺、折、单人旁等不同的写法，同时能够灵活运用这些写法。

活动实录图

活动四：点

活动目标

● 学习几个不同形态的点。

● 锻炼幼儿手臂的力量，训练动作的协调性和灵活性。

● 认识和运用各种点。

活动准备

干净的毛笔一支，墨汁，毛边纸。

活动过程

● 引入

师：小朋友们，"点"在书法中起到很大作用，我们一起认识一下它吧！

文：瓜子点（右点）。

下：长点。

半：撇点。

洁：挑点。

观察不同点在字的位置。（老师事先写好字）

教师讲解：

瓜子点：一般在字或部首的中心上，使结构平稳。

长点：一般在字的右侧，使字向右下方伸展。

撇点：一般都有另一点与之呼应，对称。

挑点：一般用在左旁如"三点水"中，和右部遥相呼应。

● 练习

教师先示范书写，幼儿模仿，临摹时教师来回巡视指导，纠正幼儿书写。写得好的作品请大家欣赏，评价。

● 讨论

教师把点抹掉，请幼儿先讨论，然后说说此字用什么点为好，给出名称。

高：瓜子点。池：挑点。洋：撇点。织：长点。

活动反思

　　中国的书法艺术博大精深，古人在书写的过程中，会根据字的要求或遵照自己的想法书写出更为出色的点。这次活动我们不仅了解了不同的点，不同的点的形状，以及它们在字中所起到的不同作用，还锻炼了幼儿手臂的力量，训练幼儿动作的协调和灵活。

活动实录图

活动五：横

活动目标 🐮

● 了解两种横的结构特点。

● 掌握两种横的运笔方法和书写步骤。

● 按照这两个笔画的书写方法尝试书写例字。

活动准备 🐸

毛笔、墨汁、纸、多媒体课件。

活动过程 🐻

● 导入

永字八法的讲解：

师：历代以来，一说到汉字楷书的笔画，一般会提到永字八法。永字八法其实就是包含在"永"字里面的八种基本笔画，即点、横、竖、撇、捺、钩、折、提。

教师出示基本笔画"一"（横），示范并口述横的书写要领：重下笔——轻行笔——重收笔。

● 熟悉不同横画

出示多媒体课件：上，二，三，七。

说说这些字的横画有什么不同？

教师小结：横有长横、短横、斜横之分。

● 把握长横的写法

师：有人这样写长横，你们当评委，看看怎样来写好汉字当中的长横呢？

书写"二""三"：

"二"：上横短，下横长。短横写在田字格上半格，长横写在田字格下半格，两横间隔要适当，不要靠得太近或离得太开。

"三"：第一横和第二横都是短横，第三横是长横。第二横的位置应在横中线上。三横之间间隔要均匀，笔顺规则是从上到下。

● 练习"上"字

师：小朋友们，看看老师手上的卡片，哪个"上"字好看？为什么？

示范写"上"字，并讲清书写要领。出示规则，长而平稳、略带斜势。

幼儿练习，教师巡视，提醒幼儿坐姿要端正、握姿要正确。

师：写主笔是长横的字，不但要留意写好长横，还要留意些什么？还要留意处理好长横和相邻笔画的关系，整体考虑才能把字写得端正美观。

活动反思

不同年龄段的幼儿理解能力和接受能力不相同，学习时的情绪和态度也各不相同，教师要及时调整自己的上课方式、方法和策略，甚至是教学内容的导入和衔接也要做相应的调整，这就要求教师在课前对所要教授的内容和知识点胸有成竹，幼儿需要加强日常的知识学习。

活动实录图

活动六：竖

活动目标

- 复习正确的书写姿势及"横"的写法。
- 学习悬针竖的写法。
- 练习"十"字。

活动准备

干净的毛笔一支、墨汁、米字格毛边纸。

活动过程

● 复习导入

师：小朋友们，我们先复习一下上次学习的"横"的写法，然后继续学习基本笔画"竖"。

● 写法指导

悬针竖、垂露竖的写法：

竖分为两种，悬针竖（教师示范），竖末尾很尖，像针尖悬在空中。悬针竖尖的写法很关键，"收笔出锋"的写法：向左上逆锋起笔，提笔圆转，中锋向下行笔，逐渐提笔，出锋收笔。

垂露竖，收笔时回锋呈"垂露"状（形如下落的露珠），故称垂露竖。

教师示范写法：

把笔在竖中线一点顿笔后，沿竖中线向下行笔，到末尾要出尖时，把笔轻轻地提起来，边向下写边提，最后提出。这样悬针竖的尖就定好了（教师再示范）。垂露竖无论起笔是方是圆，收笔方法都不同，提笔自左往右回到笔画中收笔。

教师示范"十"的写法：

师："十"应该在田字格中怎样排列，字才匀称？

师：横画在横中线，竖画在竖中线。先把长横写在横中线上，再从竖中线上起笔，写竖。（教师示范）

幼儿练习，教师巡视，提醒幼儿坐姿要端正、握姿要正确。

活动反思

　　提醒家长们回家可以让孩子继续巩固练习，一周一小时的上课时间是远远不够的。每次学习新内容之前都必须用大量时间复习之前的学习内容，这样学习的进度非常慢。这次活动中，我们首先复习了正确的书写姿势及横画的写法，然后学习了悬针竖的写法、练习了"十"的写法。

活动实录图

活动七：撇

活动目标

● 初步学会短撇的写法，感知短撇的特点和变化。

● 初步学会"牛""千"字的写法。

● 通过对作品的练习，提高幼儿的审美能力，初步感知书法作品之美。

活动准备

干净的毛笔一支、墨汁、毛边纸。

活动过程

● 引入

师：接下来我们继续学习笔画"短撇"。

短撇的意境：啄法，像匕首、鹤嘴、竹叶，也像小鱼的鱼鳍、尾巴等。

撇和捺是字的两翼，要左右呼应，两两对称。撇是向左伸展的一笔，要写得仪态舒展，弧度适中，首尾粗细相当，力度贯注撇尖。

其写法是：逆锋向左上角起笔，折笔向右作顿，顿后向左下用力撇出。长撇末锋飞起，短撇迅速锋利撇出。

● 教学范字"牛""千"

"牛"字有一个短撇，"千"有一个短撇，这两个短撇有什么区别？

引出短撇的变化——平撇。

教师示范"牛""千"字的写法，幼儿练习短撇。

同时复习悬针竖的写法。

1.悬针竖的收笔和短撇的收笔有什么联系？

2.写好一个字，除了写好笔画以外还要注意些什么？（结构：布白匀称）

活动反思

　　导入时间过长，练习的时间就相对较短。幼儿演示后，教师应及时鼓励，激发兴趣。有一部分幼儿领悟较慢，在笔法分解的学习上有一定的难度，需要教师不断地讲解和练习。幼儿初步学会短撇的写法、感知短撇的特点和变化并初步学会"牛""千"字的写法。

活动实录图

活动八：捺

活动目标

- 了解斜捺、平捺的写法。
- 学习斜捺和平捺的用笔方法，体会不同捺的写法。
- 练习书写带有捺的字。

活动准备

干净的毛笔一支、墨汁、毛边纸。

活动过程

- 导入

教师小结上节课的学习情况，复习撇的写法。

检查幼儿的握笔姿势及坐姿。

引导幼儿自由探索捺的写法。

- 学写"捺"

师：看看这两种捺有何不同？（教师示范）

认识斜捺和平捺，观察不同捺的形态特点。

教师示范写斜捺。请幼儿观察后说说运笔特点。

教师带领幼儿写，边写边说要点：

起笔藏锋，行笔中锋由轻到重。至捺脚处向右渐渐提笔出锋。

同样方法学习平捺的写法。

- 教师巡回指导

注意平捺运笔与斜捺的不同：起笔稍顿，行笔右上很短，接着向右下（较平），行笔由轻到重，出捺脚向右上。

活动反思

通过本节课的学习，幼儿能基本掌握斜捺、平捺的书写规则，并能用于实际的书写中，学习效果较好。

平捺与斜捺，作为汉字书写中常见的两种笔画，虽然只是一笔之差，却蕴含着截然不同的韵味和风格。幼儿在练习的过程中，逐渐感受到了这两种笔画的不同之处。

幼儿在练习平捺时，需要学会控制笔锋平稳移动，把握力度适中，这样才能书写出平捺的韵味。在练习斜捺时，需要学会掌握笔锋的斜向运动和力度的变化，这样才能书写出斜捺的气势。

通过不断的练习和体验，幼儿逐渐掌握了平捺与斜捺的书写技巧，也学会了如何在书写中运用这两种笔画来展现汉字的韵味和风格。他们深知书法不仅仅是一种技艺，更是一种心灵的修炼和情感的表达。

活动实录图

活动九：折

活动目标

- 认识横折、竖折的特点。
- 掌握横折、竖折的运笔方法和步骤。
- 按照这两个笔画的书写方法尝试书写例字。

活动准备

干净的毛笔一支、墨汁、毛边纸。

活动过程

- 复习横、竖，引入新课

复习横和竖的写法。

出示例字，让幼儿认识例字的笔画，说一说哪些是学过的，哪些是没有学过的。

- 学习横折，竖折

1. 出示横折、竖折的笔画，让幼儿观察笔画的形态特点，教师总结特点。

2. 出示横折、竖折的运笔方法示范，引导幼儿分析笔画的书写顺序。

3. 教师讲解笔画的写法。

4. 组织幼儿练习横折、竖折两个笔画，教师巡视指导。

5. 组织幼儿观察例字，引导分析它们的组合规律。

6. 教师范写例字。

7. 幼儿模仿写字，教师巡视指导。

- 结束活动

在练习横折、竖折的书写方法中，及时引导幼儿养成良好的书写习惯，保持正确的坐姿。

幼儿根据教师的指导，完成笔法练习，教师巡回指导。

活动反思

让幼儿相互探讨，在愉快的气氛中接受书法知识。大部分幼儿对陌生的书法知识有接受的勇气，有一部分幼儿在学习中领悟较慢，在笔法分解的学习上有一定的难度，需要不断地讲解和练习。不足之处是部分幼儿上课时行为习惯不好，需要长期督促，影响了课堂进度。

活动实录图

活动十：单人旁、双人旁

活动目标

- 了解单人旁、双人旁两种笔画的结构特点。
- 掌握单人旁、双人旁运笔方法和步骤。
- 在学习过程中，培养幼儿的写字兴趣及良好的书写习惯。

活动准备

干净的毛笔一支、墨汁、毛边纸。

活动过程

- 导入新课

师：本节课我们开始学习单人旁、双人旁的写法。（出示单人旁和双人旁的行笔示意图）

两种偏旁的认识：

出示两种偏旁让幼儿仔细观察它们的外形。

师：从外形上你们发现了什么？（引导幼儿通过观察比较两种偏旁在形态上的异同）

教师小结并板书：在左右结构的字中，左偏旁在字的左边。此类字，字的右部为主，左偏旁为次，大多呈向右倾斜，与右部相呼应之势。竖画长度不变，横画相应较短。

- 书写单人旁、双人旁

教师示范书写，让幼儿仔细观察两种偏旁在写法上的不同。

师：从写法和教师的运笔过程你们发现了什么？

教师小结：书写这两种偏旁时，它们都是藏锋起笔、顿笔、中锋行笔，但是偏旁的布局安排要相互对照区分。大家通过练习来体会一下。

单人旁：形窄长；短撇厚重圆浑；竖画较轻，与短撇中间相连，并与撇首起笔处对正。

双人旁：形窄长（与单人旁相似）；两个短撇皆直，上短下长；竖画直中带弯。

幼儿试写两遍。在幼儿练习书写的过程中，教师巡视，及时发现问题并指导纠正。

活动反思

在本次活动中我首先指导幼儿观察字形加深印象，培养他们的观察能力。示范是写字教学的先导，在指导幼儿写字前，教师先在黑板上示范写单人旁和双人旁的用笔过程。书法课上的评价尤其重要，得当的评价可以让幼儿的写字能力得到提升。课后我觉得这节课还有不少让人遗憾的地方，比如对幼儿写字训练不够扎实，接受能力较弱的幼儿没有更好地掌握书写方法等。

活动实录图

（本课指导老师：魏小燕）

童声童趣

● 年级组：中班、大班混龄

语言是社会约定俗成表达观念的符号，语言是人类所特有的用来表达意思、交流思想的工具，人们彼此的交往离不开语言。通过这次活动，采用多种形式引导幼儿热爱幼儿园生活，帮助幼儿养成初步听说习惯，感受勇敢说的乐趣，培养幼儿的参与意识和创造思维。

活动一：初识社团

活动目标

- 通过活动，了解社团成员，相互认识和熟悉。
- 勇敢地做自我介绍。
- 感受勇敢说的乐趣。

活动准备

小舞台，自我介绍的经验。

活动过程

- 教师介绍社团

师：欢迎大家来到童声童趣社团。这个社团可以让你大胆说话，在这里你可以主持、讲故事、朗诵、说相声和快板！

- 教师自我介绍示范

师：老师今天第一次见到你们，还对你们不熟悉呢！那小朋友们，今天我们就一起来相互认识一下，做个自我介绍吧！老师先来说说，你们可以跟着学一学喔！

- 幼儿依次自我介绍

鼓励幼儿勇敢表达，在过程中及时点评，针对性地提出指导意见。

- 教师点评

师：小朋友们，你们敢于上台来表现自己都很棒，请给自己一些掌声！但是老师有一点小小的建议，希望大家拿着话筒说话时，背打直一些，脚并拢，面带微笑。

师：我们一起进行第二次自我介绍吧！相信在大家的努力下，所有人都可以把自我介绍做得非常棒的！

- 小结与延伸

请大家回去对着镜子练习，看看自己在镜子里说话的样子是什么样的，表现得好的就保持，表现得暂时不佳的就积极纠正喔！

活动反思

中班、大班幼儿对童声童趣社团的热情非常高，很喜欢表达自己的看法和观点，但是极个别幼儿还是有点开不了口，需要教师不断鼓励。在鼓励中，他们都能勇敢说话，在教师的正强化中，幼儿的自信心也慢慢会树立起来，所以教师一定要充满耐心，静待花开。

活动实录图

活动二：学说相声

活动目标

● 通过活动，了解相声的含义。

● 能和教师进行相声游戏。

● 感受说相声的乐趣。

活动准备

相声《买爸爸》视频，小舞台表演的经验。

活动过程

● 出示相声照片，激发兴趣

师：小朋友们，猜猜图片中的人是谁？他在干什么？

● 欣赏视频

师：我们来看看相声是怎么进行的？谁来说一说你觉得相声是什么样的？台上有多少人，他们在说什么？你想学一段相声吗？

● 示范表演《买爸爸》

师：现在邓老师和另一位老师一起来说一段相声，请大家一起来学一学。大家觉得这个相声怎么样？相声里为什么要买爸爸？刚刚她想买什么？

● 幼儿试讲相声

师：我们一起来讲《买爸爸》吧！你们想当问的人还是答的人呢？你们觉得谁说得最好？为什么呢？

师：原来是因为她每一个字都说得非常清楚，而且说得很连贯，表达得很完整，小朋友们你们都可以学起来喔！

● 互相说相声

师：请大家找身旁的小伙伴搭档，一起来讲《买爸爸》吧！

● 小结与延伸

师：今天我们学了相声《买爸爸》，大家都勇敢地大声说了出来，真是太棒啦，希望大家回家后把学到的内容分享给家人！

活动反思

相声作为我国特有的一种艺术形式，是幼儿十分有必要去了解、去学习的一种文化。通过这次活动，能够看出幼儿对相声非常感兴趣，他们了解了相声的含义，同时也能够和教师进行相声游戏，感受和体会了说相声的乐趣。在过程中，幼儿都非常喜欢相声《买爸爸》的舞台表演，通过模仿和表演这个节目，幼儿的语言表达能力得到了锻炼，都说得非常连贯，表达得很完整。在最后互相说相声的阶段中，幼儿在其中找到"大声说出来"的乐趣。

活动实录图

活动三：我是升旗小主持人

活动目标

- 通过活动，了解升旗仪式的基本流程。
- 勇敢地进行升旗仪式主持练习。
- 感受勇敢说主持稿的乐趣。

活动准备

小舞台、升旗仪式视频。

活动过程

- 提问，激发兴趣

师：大家现在都认识我们社团了，那老师现在有一个问题。请问小朋友们，我们每周一要做什么事情呀？（举行升旗仪式）那升旗仪式时，站在台上拿着话筒的是谁呀？你们想不想当国旗下的主持人呀？

- 看升旗仪式视频

师：小朋友们，现在我们一起来看看我们升旗仪式的视频，看完后，谁来说一说，升旗仪式上都有谁？他们做了些什么事？

- 依次按照环节梳理

师：首先是哪个环节？她是怎么说的？请大家一起学一学。第二个环节她又说了什么？如果是你，你会怎么说？第三个环节呢？请小朋友说一说。

- 幼儿讨论

请每一个幼儿来说说自己喜欢的环节,并对幼儿说的内容做有针对的点评。

师：你们觉得谁说得最好？为什么呢？原来是因为她每一个字都说得非常地清楚，而且说得很连贯，表达得很完整，你们都可以学起来！

- 完整地进行主持

师：大家现在一起来完整地主持一场升旗仪式吧！

- 小结与延伸

师：希望大家可以把学到的内容分享给班上的小朋友喔！

活动反思

　　中班、大班幼儿都想去主持节目，因此我们以幼儿常见的升旗仪式为切入点，来引入这个活动，他们都很感兴趣，在这个过程中也很开心。通过这次活动，幼儿初步了解了升旗仪式的基本流程，同时也能勇敢地进行升旗仪式主持练习，在完整主持升旗仪式的过程中，幼儿体会到了勇敢说主持稿的乐趣。这次活动极大地激发了幼儿对主持的兴趣。

活动实录图

活动四：讲故事《画鸡蛋》

活动目标

- 通过活动，了解《画鸡蛋》的故事内容。
- 能完整地讲述《画鸡蛋》这个故事。
- 感受讲故事的乐趣。

活动准备

小舞台、《画鸡蛋》故事。

活动过程

- **完整讲述故事**

师：小朋友们上午好！欢迎大家来到童声童趣社团。今天老师给大家带来一个故事《画鸡蛋》。请大家仔细听一听故事，一会儿我要问问题哦！

- **讨论**

师：这个故事里都有谁？他们发生了什么事儿呀？山羊老师说了什么？

- **依次梳理**

师：山羊老师布置作业之后，谁认真完成了？小花鹿去找了谁，说了些什么话？请大家来学着说一说，最后结果怎么样？小猴子画的鸡蛋像什么？小猪画的鸡蛋像什么？小花鹿画的呢？山羊老师是怎么评价的？谁来学一学！

师：现在我来讲前半句，你们来说后半句，好吗？请说得清楚一些，完整一些。

- **幼儿完整讲述**

师：现在老师请大家完整地讲一次《画鸡蛋》。看谁讲得声情并茂，语气高低起伏，更吸引人。

- **小结与延伸**

请大家回去将这个故事讲给家人听，或者同伴之间比一比，看谁讲得更好。

活动反思

　　中班、大班幼儿对《画鸡蛋》的故事非常感兴趣，幼儿在活动中的积极性较高，被故事情节深深吸引，能根据动物的特点去想象它们画的鸡蛋的样子，非常有趣。在这次活动中，幼儿了解了《画鸡蛋》的故事内容，并且能够完整地讲述出来，同时在讲述故事的过程中，感受到了讲故事的乐趣。

活动实录图

活动五：相声《我长大了》

活动目标

- 通过看图片，知道自己在渐渐长大。
- 学会相声《我长大了》。
- 培养感恩的情感。

活动准备

一幅"小树长成大树"过程的图、相声《我长大了》。

活动过程

● 通过看"小树长成大树"的图片进行导入

师：看小树有什么变化？（小树一天天长高，最后长成大树）你们看看老师和你们有什么不一样？为什么会有这些变化？我们来学习一段相声——《我长大了》。

● 教师展示相声

师：相声里他是怎么知道自己长大的？你们说说，他都学了什么本领？他最喜欢干什么？猜猜他是大班还是中班还是小班的？为什么？

● 分组带领，理解诗歌

师：刚才我们都听了这段相声，小朋友们一起用相声里的话来回答老师的问题。学着说一说相声好吗？

邓老师做 A，胡老师做 B，分组跟着老师一起说说。

● 纠正字音

师：刚才有的小朋友发音不标准，我们再来学一学。

● 小结与活动延伸

师：今天我们学了相声《我长大了》。请小朋友们想一想，你们是怎么来的，又是怎么长大的？你们长大后想做什么？

活动反思

中班、大班幼儿对相声《我长大了》非常感兴趣，他们被相声情节深深吸引，但是个别幼儿还需要继续练习带着感情地去讲相声，需要在家中进一步强化练习。在这次活动中，通过看图片，幼儿知道自己渐渐长大了，同时也学会了《我长大了》这段相声，潜移默化中培养了感恩之心。

活动实录图

活动六：诗歌朗诵《我长大了》

活动目标

- 学习诗歌《我长大了》。
- 乐意上台大胆表现。

活动准备

音响、音乐，多媒体课件《我长大了》。

活动过程

- 口部操练习

师生随音乐做口部操（唇、舌、口腔的静动态控制）。

- 基本训练：诗歌朗诵《我长大了》

A：伴着春夏。

B：伴着秋冬。

AB：我们长大了。

A：可是，什么才叫长大呢？

B：妈妈说过，长大是从蹒跚学步到展翅高飞。

A：老师说过，长大是从牙牙学语到出口成章！

AB：哦！我明白了！长大是过程，长大是经历。

A：感谢爸爸妈妈赐予生命。

B：感谢老师传授知识。

AB：老师、爸爸妈妈，你们请放心。

A：我们是起航的小船，有足够的勇气抵挡成长的风浪！

B：我们会向着大海前进，迎接惊涛骇浪！

- 上台展示

可几人组合，也可单人表演。在台上时，注意站姿。朗诵时，发音清楚，整体流畅。结束后，鞠躬谢幕。

幼：大家好！今天，我们要表演的节目是诗歌朗诵《我长大了》。

活动反思

《我长大了》这首儿童诗对于幼儿来讲，个别词语比较拗口，如：蹒跚学步、展翅高飞、牙牙学语、出口成章。所以在朗诵时，幼儿不好记，教师应该在活动前，单独将本诗中的重点词汇做一个学习理解，为朗诵整首诗做铺垫。

活动实录图

活动七：我会发音"h"和"f"

活动目标

● 练习"h""f"的发音。

● 学习绕口令《画凤凰》。

活动准备

多媒体课件《画凤凰》。

活动过程

● 口部操练习

师生随音乐做口部操（唇、舌、口腔的静动态控制）。

● 基本训练

练习"h""f"的发音。

f音的发音要领：f是上齿接触下唇，让气流完全从唇齿间的缝隙中摩擦而出，发出摩擦的声音。

h音的发音要领：h音叫作舌根音，在发g、k、h的时候，口腔微开，舌体后缩，舌根隆起，与硬腭和软腭的交界处（小舌头前一点点）接触形成阻碍。

练习：哈、喝、海、黑、好、海河、憨厚、航海、行话、豪华。

● 学习绕口令《画凤凰》

《画凤凰》

粉红墙上画凤凰，

凤凰画在粉红墙。

红凤凰、粉凤凰，

红粉凤凰、花凤凰。

活动反思

通过基础发音练习，幼儿能发清"h""f"，说清"凤凰""红""粉"等字词，效果较好。根据图片提示，大部分幼儿能记住内容，但速度加快时，就会说不清、发音不准，还需多多练习。在这次活动中，幼儿能跟着教师的节奏，一起随着音乐做口部操（唇、舌、口腔的静动态控制）。

活动实录图

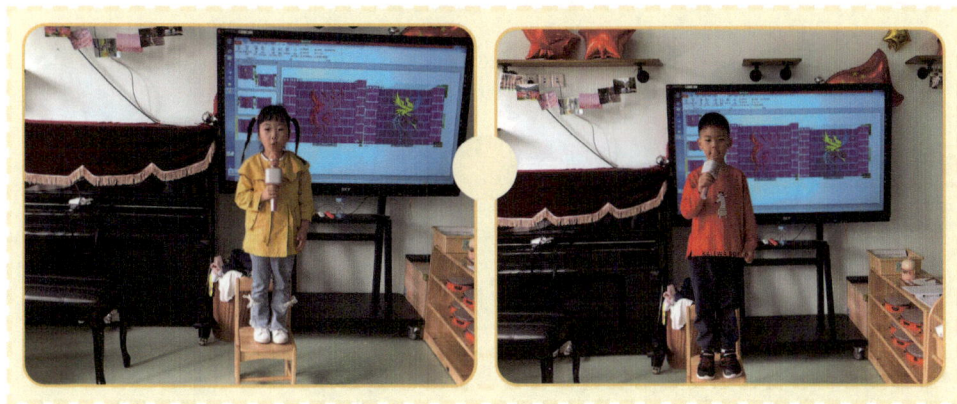

活动八：绕口令《数枣》

活动目标

- 理解绕口令内容，能口齿清楚、有节奏地朗诵。
- 尝试加快语速朗诵，感受说绕口令的趣味性。

活动准备

多媒体课件《数枣》。

活动过程

- 口部操练习

师生随音乐做口部操（唇、舌、口腔的静动态控制）。

- 基本训练

熟悉绕口令前半部分内容：

教师展示图片，朗诵绕口令的前半部分，帮助幼儿感知绕口令的结构特点。　带领幼儿边看图片边逐句学说绕口令，帮助幼儿理解并记忆绕口令。然后带领幼儿完整朗诵绕口令的前半部分。

利用操作教具带学绕口令后半部分内容：

师：你们知道故事里的小朋友一共打了多少颗枣吗？我们一起来数一数。

教师带领幼儿"数枣"：

教师按稳定的节奏边拍手边带领幼儿"数枣"。教师加快节奏，幼儿跟随教师的节奏"数枣"，感受绕口令的特点。

游戏"数枣"：每位幼儿都有一个装有十颗枣的盘子，幼儿自主练习"数枣"，并逐渐加快速度，体验绕口令的趣味性。分别请幼儿快速"数枣"。

- 完整朗诵绕口令

教师带领幼儿边看图边完整朗诵绕口令。按稳定的节奏边拍手边带领幼儿完整朗诵绕口令。然后加快节奏，幼儿跟随教师的节奏完整朗诵绕口令。

- 活动延伸

鼓励幼儿尝试倒着"数枣"，并逐渐加快速度：十颗枣、九颗枣、八颗枣、七颗枣、六颗枣、五颗枣、四颗枣、三颗枣、二颗枣、一颗枣。

活动反思

  《数枣》作为基础绕口令，有利于加强幼儿气息的稳定、提高幼儿肺活量。通过本次活动，幼儿不仅能够学到绕口令，还能在学中玩，在玩中学。不足之处是幼儿在尝试说绕口令时总是转不过弯来，因为刚开始教师只是口头上简单地进行解释和引导，而且带动节奏有点快，似乎有点高估了幼儿的抽象能力，之后将故事和绕口令结合一步一步来，幼儿的接收能力能明显看到慢慢在提高。由此得出一个结论：教授内容不能操之过急，要符合幼儿的年龄特征。

活动实录图

活动九：相声《买爸爸》

活动目标

- 学习相声《买爸爸》。
- 体验与同伴一起说相声的乐趣。

活动准备

多媒体课件《买爸爸》。

活动过程

- 口部操练习

师生随音乐做口部操（唇、舌、口腔的静动态控制）。

- 基本训练

伸收唇练习、左右撇唇、绕唇喷唇"po"、伸舌头、舌头打响、气息练习。

- 学习相声《买爸爸》

甲：今天咱俩说段相声啊？

乙：说什么相声啊？

甲：买爸爸。

乙：什么？买爸爸？从来没听说过。

甲：我就买过。星期天，爸爸领我逛商店。

乙：双休日嘛，家长都爱领孩子出去溜达溜达。

甲：呵，商店里的玩具可真多呀！

乙：都有什么玩具呀？

甲：有米老鼠、唐老鸭、机器人、洋娃娃，还有蜡笔小新、小猪佩奇、人猿泰山、Hello Kitty、大头儿子小头爸爸、多啦A梦蓝胖子……

乙：嘿，这么多玩具呀！那你要买哪样啊？

甲：我都想要。

乙：啊？那你爸爸能给你买吗？

甲：我爸爸从来不小气。

乙：那你就多买几样吧。

甲：我爸爸不干了。

乙：那你怎么办？！

甲：我……哭呗！

乙：哭？商店里那么多人，你不怕别人笑话你呀？

甲：我不怕！我两眼一闭，往地上一坐！"嗷"的一嗓子，就嚎上了。

乙：你可真行，一点形象也不要了。

甲：我倒没什么，我爸爸绷不住了，他一下就把我的手甩一边去了。

乙：你看看，该挨揍了吧。

甲：我爸爸说"买，买，买，买多少个都不够，回头把我卖了给你买！"

乙：好嘛，这下看你怎么办！

甲：继续哭！哭了一会儿，我听没动静了，就睁眼一瞧，你猜怎么着？

乙：怎么了？

甲：我爸爸他真不见了。

乙：准是让你给气跑了。

甲：我急忙对售货员阿姨说，"这些玩具我都不要了"。

乙：那你要买什么呀？

甲：我要买爸爸。

活动反思

相声这一传统艺术对于幼儿园中班、大班的幼儿来说有点陌生，第一次学习相声，幼儿都很感兴趣。活动以视频导入的形式开始，首先让幼儿了解了相声的形式，让他们能够初步熟悉相声，同时也调动起他们学习的兴趣。

相声是一门以说为主的艺术，幽默诙谐，充满了机智，引人发笑。为了让幼儿能充分体会到这一特点，我根据相声的特点，采取读、学、教相结合的方法，不但使幼儿了解了相声的特点，也锻炼了幼儿的表达能力，取得了较好的教学效果。

因为在之前的课程中，幼儿对相声《买爸爸》有了初步的了解，所以在这次活动中，幼儿都能很好地跟着老师一起学习《买爸爸》。通过活动，幼儿很清楚地了解了相声的含义，同时也能够和老师进行相声游戏。在活动过程中，我们采用了多种教学形式，带动了幼儿对相声表演的积极性和兴趣。

在接下来的活动中，希望幼儿能够大胆表达自己的想法，更灵活地运用相关技巧和经验表演相声。

活动实录图

活动十：绕口令《四和十》

活动目标

- 学习绕口令《四和十》。
- 乐意上台大胆表现。

活动准备

音响、音乐。

活动过程

- 口部操练习

师生随音乐做口部操（唇、舌、口腔的静动态控制）。

- 基本训练：分清"si"和"shi"

四和十，十和四，

十四和四十，四十和十四。

说好四和十得靠舌头和牙齿，

谁说四十是"细席"，

他的舌头没用力；

谁说十四是"适时"，

他的舌头没伸直。

认真学，常练习，

十四、四十、四十四。

- 上台展示

可几人组合，也可单人表演。

强调：上台时，注意站姿。朗诵时，发音清楚，整体流畅。结束时，鞠躬谢幕。

幼：小朋友们，大家好！今天，我们要表演的节目是绕口令《四和十》。

活动反思

　　绕口令是一种民间汉语语言游戏，可以用来锻炼幼儿词语表达的准确性，其内容来源于幼儿的生活，比较容易理解，便于记忆。为了激发幼儿的学习兴趣，可以用多种形式表现，比如，将绕口令改编成故事，进行故事表演，请几个小朋友边表演，下面的小朋友边练习，这样一来，不仅不会觉得枯燥，课堂气氛也会更加生动、有趣，幼儿的学习兴趣也会更浓一些。

　　另外，可根据绕口令有节奏感的特点，配上乐器边打节奏边念，幼儿会更感兴趣。幼儿天性好动，整节课还应考虑到动静结合，这样幼儿才能学得更认真，教学效果会更佳。

活动实录图

（本课指导教师：邓皓文）

旋风足球

年级组：中班、大班

　　体育教育是培养幼儿身体素质和运动技能的重要环节。足球作为一项全面发展幼儿身体和智力的运动项目，主要以脚为主，控制和支配球。足球训练有利于培养幼儿的合作意识和团队精神，锻炼幼儿的耐力、灵敏性和协调性，提高幼儿的身体素质，培养幼儿的意志力。

活动一：踩球 1

活动目标

- 乐于参与踩球游戏。
- 能够原地双脚左右交替前脚掌踩球。

活动准备

足球每人一个，标志碟 4 个。

活动重难点

重点：双脚交换前脚掌踩球的连贯性。

难点：触球部位的准确性、协调性。

活动过程

- **热身运动**

教师带领幼儿跟随音乐进行热身运动，重在腿部的热身运动。

热身操：头部运动、振臂运动、扩胸运动、腹背运动、膝关节活动、踝腕关节活动。

- **练习踩球**

原地踩球，教师边示范边讲解动作要领。

脚底踩球动作要领:1.球在身前。2.前脚掌触球的位置（球的上方）。3.脚尖上翘。4.双脚交换要快。

幼儿听口令练习踩球，教师示范讲解双脚左右交替前脚掌踩球动作及动作要领，幼儿听口令左右脚各一次前脚掌踩球练习。

- **趣味操练**

双脚交换前脚掌前进踩球。

- **结束部分**

教师带领幼儿跟随音乐放松活动，重在腿部的放松活动，活动结束后整理器材。

活动反思

本次教学活动设计的目的是让幼儿对踩球活动有所认知，同时掌握相应的踩球技能。本次活动以技能训练为主，经过多次练习大部分幼儿逐渐掌握如何踩球和控球。但是大部分幼儿对于足球仍然处于探索阶段，需要不断地练习，培养他们对足球的兴趣点，喜欢上足球运动。

活动实录图

活动二：踩球 2

活动目标

- 乐于参与踩球游戏。
- 能够原地双脚左右交替前脚掌踩球。

活动准备

足球每人一个，标志碟 4 个。

活动重难点

重点：双脚交换前脚掌踩球的连贯性。

难点：触球部位的准确性、协调性。

活动过程

- 热身运动

教师带领幼儿跟随音乐进行热身运动，重在腿部的热身运动。

热身操：头部运动、振臂运动、扩胸运动、腹背运动、膝关节活动、踝腕关节活动。

- 踩球游戏

师：小朋友们今天我们来玩踩球游戏。

教师边示范边讲解踩球动作要领：1. 球在身前。2. 前脚掌触球的位置。

教师示范讲解双脚左右交替前脚掌踩球动作及动作要领。

踩球练习：1. 幼儿左右脚各一次前脚掌踩球练习。2. 幼儿左右脚连续前脚掌踩球。

- 趣味练习

组织幼儿进行踩球比赛。

- 放松活动

教师带领幼儿跟随音乐进行腿部放松活动，活动结束后整理器材。

活动反思

　　此次足球活动，整体来说，大多数幼儿对足球运动的兴趣还是很大的，虽然有的幼儿还不会踩球，但是也没有在旁边站着看其他人玩，而是积极地参与其中。此次活动最大的问题就是，对于中班幼儿来说，游戏活动难度较大，不符合幼儿的年龄发展特点以及动作发展要领，他们进行起来比较困难，没有很好地体现出游戏的趣味性。因此下次一定要考虑到幼儿的实际情况，设计出既让幼儿喜欢，又符合幼儿年龄阶段发展的活动。

活动实录图

活动三：传接球

活动目标

● 根据不同传接球方法进行传接球练习，提高脚的控球能力，发展身体协调性。

● 能积极参与游戏，感受传球时的快乐，培养与同伴的合作意识。

活动准备

足球若干，宽阔场地一个。

活动重难点

在规定的距离，双手将球传递给对方，对方要准确接到。

活动过程

● 谜语导入

"一个大西瓜，大家都在抢，看见对方框，拼命往里装。"

● 自由感知

幼儿自由玩球，感知球的特性。

幼儿自己探索，教师观察。

● 传接球游戏

教师示范不同的传接球方法，幼儿观察。幼儿自主练习。

介绍传接球规则，开始游戏。

规则：两个幼儿一组，在规定的距离，双手将球传递给对方，对方要准确接到。

● 活动总结

教师和幼儿一起做放松活动，并总结。

活动反思

　　传接球给幼儿带来了快乐，锻炼了幼儿的身体机能。在游戏中幼儿积极主动地参与，通过相互配合来增长知识、锻炼身体，养成遵守规则的好习惯，更进一步感受合作意识的重要性。在活动过程的各个环节，教师要把自由踢球的这种随意安排得恰到好处，鼓励胆怯的幼儿大胆玩球。部分幼儿在身体协调上有所欠缺，而且两个幼儿踢球时，因为发展水平不同，难以遵守传球规则，有点混乱。因此，教师要注重幼儿的个性差异（包括体质、性格、协调能力等）。

活动实录图

活动四：定点射门

活动目标

- 知道定点射门时，要掌握好射球力度。
- 能够较为准确地射入球门。
- 感受射门进球时的喜悦，喜欢足球运动。

活动准备

人手一个足球，小球门 4 个、音乐。

活动过程

- **热身**

师生问好。活动前教师要带领幼儿做充分的热身运动。

介绍足球并即兴带动幼儿进行随意运球。

- **练习**

球感练习：把幼儿分成四组，在操场上随意踢球、玩球。

罗纳尔多射门：把幼儿分成四组，每组前面摆一个小球门，幼儿把球踢进球门，则算胜利，没有踢进的幼儿要表演节目。

传球练习：把幼儿分成四组，每组围一个小圆圈手拉手，每个圆圈内放两个足球给他们互相传球。

注意行进路径安排，不要发生碰撞。

- **活动结束**

找朋友互相帮助对方做放松运动，师生再见。

活动反思

本次教学活动的目的在于让幼儿对射门活动有更深入的了解和体验。在活动中，我们观察到幼儿往往需要多次尝试才能成功将球射入球门。经过多次练习后，幼儿能够较为熟练地一脚踢球，但命中率仍有待提高。尽管如此，他们对踢球射门的热情不减，充分展现了幼儿对足球运动的喜爱。然而，我们也发现部分幼儿在踢球技巧上存在不足，未能正确运用脚部动作。我们相信，通过未来的持续练习和指导，他们将能够更加深入地感受到足球运动的魅力，并愈发喜爱这项运动。

活动实录图

活动五：会转弯的足球

活动目标

- 了解并学习运用脚内侧运球技巧。
- 能够运用脚内侧运球绕障碍物前行。
- 感受挑战成功的喜悦。

活动准备

足球 21 个、雪糕桶 14 个、音乐。

活动过程

- 热身—徒手操

扩胸运动—体转运动—腹背运动—弓步压腿—侧压腿—膝绕环—踝、腕关节运动。

- 体能练习

幼儿绕操场跑 3 圈（先快跑再慢跑）。幼儿蛙跳 2 分钟。放松腿部。

- 胯下左、右脚传球

动作要领：上体直立，两脚左右开立，大于肩宽，足球放在两脚之间，靠在右脚内侧处。动作开始后，用右脚内侧把球传至左脚内侧，传完球后右脚立刻落地支撑，这时左脚内侧传球回右脚，传完球后立刻落地支撑。这样，两脚交替在胯下进行传球练习。

- 转弯运球练习

幼儿运用双脚内侧交替绕障碍运球。

- 运球游戏

游戏玩法：幼儿分成红黄两队排成列，听到口令从起点运用双脚内侧运球到达终点后，后面的幼儿才出发，先完成的获胜。

- 活动结束

放松身体，整理器械。

活动反思

在进行绕障碍运球时，大班幼儿知道通过改变运球姿势来改变球的行进方向，同时他们比较注重遵守规则，每次必须绕过每一个障碍物。对于中班幼儿来说，他们的肢体协调性较弱，在绕障碍运球时，容易用力过猛，球跑得过远。教师可以分年龄组针对不同情况的幼儿减少障碍物的数量，让幼儿找到成功的喜悦。因此在下次活动，一定要考虑到幼儿的实际情况，设计出既让幼儿喜欢，又符合不同年龄阶段发展的活动。

活动实录图

活动六：面对面传球

活动目标

- 了解并学习传球、踩球动作要领。
- 尝试运用双脚进行传球、控球。
- 幼儿球感的培养。

活动准备

足球 11 个。

活动过程

- **热身—徒手操**

扩胸运动—体转运动—腹背运动—弓步压腿—侧压腿—膝绕环—踝、腕关节运动。

- **胯下左、右脚传球**

动作要领：上体直立，两脚左右开立，大于肩宽，足球放在两脚之间，靠在右脚内侧处。动作开始后，用右脚内侧把球传至左脚内侧，传完球后右脚立刻落地支撑，这时左脚内侧传球回右脚，传完球后立刻落地支撑。两脚交替在胯下进行传球练习。

- **左、右脚交替踩球**

动作要领：身体直立，两脚前后开立，左脚支撑身体，右脚前脚掌踩球的上部。动作开始后，两脚做一个交换跳动作，使左脚踩在球的上部，右脚支撑，两脚连续做交换跳练习。

- **两两合作传球**

规则：幼儿面对面站立，中间隔 2 米 ~ 3 米，练习传球。要求传球时注意方向和力度的掌控，接球者只能够用脚去控制球。

- **活动结束**

放松身体，整理器械。

活动反思

　　幼儿一拿到足球，就表现得异常兴奋，每个人都渴望独自掌控足球，展现自己的踢球技巧。然而，在合作运球的过程中，我们发现有些幼儿过于独断，不愿与伙伴分享球权。此外，幼儿在踢球时，对方向和力度的把控还较为困难，这需要他们通过多次练习来增强球感。

　　通过观察发现，大班的幼儿在控球能力上确实比中班幼儿更为出色。然而，在活动环节的设计中，我们仍需更加精细地安排幼儿面对面合作，确保每个幼儿都能充分参与，同时鼓励那些稍显胆怯的幼儿勇敢尝试踢球。

　　教师在活动中应当更加关注幼儿的个体差异，不仅包括体质上的差异，还应考虑到性格特点和协调能力的不同。只有这样，才能更好地帮助每个幼儿提升足球技能，感受足球运动的乐趣。因此，在今后的教学中，教师需要更加注重因材施教，充分考虑到每个幼儿的个性特点和发展需求。

活动实录图

活动七：足底生花

活动目标

- 熟悉传球、踩球的动作要领。
- 能较灵活地运用双脚进行传球、控球。
- 幼儿球感的培养。

活动准备

足球 21 个、球门 2 个、雪糕桶 16 个。

活动过程

- 热身—徒手操

扩胸运动—体转运动—腹背运动—弓步压腿—侧压腿—膝绕环—踝、腕关节运动。

- 胯下左、右脚传球

动作要领：上体直立，两脚左右开立，大于肩宽，足球放在两脚之间，靠在右脚内侧处。动作开始后，用右脚内侧把球传至左脚内侧，传完球后右脚立刻落地支撑，这时左脚内侧传球回右脚，传完球后立刻落地支撑。这样，两脚交替在胯下进行传球练习。

- 左、右脚交替踩球

动作要领：身体直立，两脚前后开立，左脚支撑身体，右脚前脚掌踩球的上部。动作开始后，两脚做一个交换跳动作，使左脚踩在球的上部，右脚支撑，这样两脚连续做交换跳练习。

- 运球游戏

游戏玩法：幼儿分成红黄两队排成列，听到口令从起点运用双脚内侧运球到达终点后，后面的幼儿再出发，先完成的队伍获胜。

- 活动结束

放松身体，整理器械。

活动反思

　　幼儿对于足球的基本技法不了解，在没学习之前他们不能够较好地控制球前行。通过这节活动，幼儿了解到踢足球需要脚内侧、脚外侧、脚背，知道要用脚掌控制球。本次活动中先集中学习技巧，然后由幼儿自由练习技巧。练习到一定程度后，再通过游戏的方式巩固和查看幼儿控球情况，从而达成活动目标。因此，在下次的活动中教师要提前引导幼儿学习一些基本的准备动作，这样后面的练习才能更有效果。

活动实录图

活动八：揉球

活动目标

- 初步了解并学习脚掌揉球的基本方法。
- 能够较灵活地运用脚掌揉球、控球。
- 对足球运动产生兴趣。

活动准备

足球每人一个。

活动重难点

幼儿揉球单脚站稳。

活动过程

- 热身运动及注意事项

师幼热身练习，主要活动下肢。

注意事项：1.穿运动服。2.活动中不推、不拉他人。3.身体不适立即告诉老师。

- 熟悉球性的练习——脚掌揉球

教师讲解并示范脚掌揉球方法。

动作要领：单腿支撑膝关节微屈，触球的脚落在球的上部。两臂自然伸开，保持身体的平衡，由内向外或者由外向内画圆。

幼儿分组练习：教师讲解训练中容易犯的错误。请幼儿示范并告诉他们练习的注意事项。幼儿自由练习后，再集体练习。

游戏：我们都是木头人

玩法：音乐响起，幼儿用脚掌揉球，音乐停止用脚掌控住球并保持身体不动，动了的则被淘汰。

- 放松活动

教师带领幼儿集体放松腿部，并引导幼儿交流活动收获，整理器材。

活动反思

　　此次足球活动，整体来说参与度很高，幼儿对游戏非常感兴趣。部分幼儿平衡能力较好，能够踩稳球站立，个别幼儿相对较弱，踩球站不稳，还需要加强练习。在活动过程中，因为幼儿发展水平不同，难以遵守传球规则，有点混乱。个别幼儿未遵守秩序，在教师反复提醒后稍有改善。因此，在下次活动开始前，教师应该把规则讲清楚，然后在活动过程中也要适当加以强调，这样幼儿才会更好地遵守规则。

活动实录图

活动九：足球小将

活动目标

● 学习左右脚交替运球。

● 能够在游戏中大胆尝试左右脚交替运球。

● 喜爱足球运动，对足球游戏有兴趣。

活动准备

知识准备：在上一节教学活动中，幼儿已玩过足球游戏，学会了传接球和定点射门。

物质准备：足球人手一个、足球门、背景音乐。

活动重难点

重点：学习左右脚交替运球的动作要领。

难点：能熟练进行左右脚交替运球。

活动过程

● 热身练习

教师出示足球，引起幼儿兴趣。

师：小朋友们，今天我们要和足球一起玩一个新的游戏。

师：先和足球一起做热身吧！

教师带领幼儿做身体的拉伸练习。听音乐做足球操。

● 左右脚交替运球

复习传接球和定点射门：

师：小队员们，上节课我们一起玩了传接球和定点射门的足球游戏，现在我们就来复习一下这两个本领。

1.幼儿与同伴合作练习传接球。

2.集体练习定点射门。

学习左右脚交替运球：

师：你们会用两只脚来配合踢球吗？谁来试试？

1.教师示范用左右脚交替向前运球，注意脚部用力要适中，并控制好球的方向。

2.幼儿跟着教师边念儿歌边自由练习左右脚交替运球。

"小足球，真听话，轻轻踢，朝前跑，左一下，右一下，我的双脚本领大。"

3.幼儿自由练习，教师进行个别指导。

4.幼儿集体用左右脚交替运球至目的地并运回。

游戏：运球射门对抗赛

1.幼儿分成红蓝两队，每队10人。明确各队球门后游戏开始，各队第一位小队员左右脚交替向球门方向运球，到达球门前射门，然后跑回起点，第二位小队员依次出发，进球多的队获胜。

2.小结比赛情况，总结经验，再次进行比赛。

● 放松运动

放松运动——亲亲小足球：

幼儿每人抱一个小足球，用球轻敲自己的身体部位，并和同伴用足球轻轻敲打肩、背、手、脚等部位，以达到放松的目的。

活动反思

在掌握了踩球、拨球的基础上，幼儿传接球还掌握得不够熟练，在游戏过程中，常有传球方向偏移、接球接不住等情况出现。同样，在定点射门这一技能的掌握上，个别幼儿虽然能够掌握，但还需加强练习。

在日常体育活动中建议继续增设足球游戏，为幼儿提供练习和游戏的机会，开发新的玩法，丰富足球游戏的内容，增强幼儿对足球运动的认识和喜爱。

同时，还要采用多种方式来培养幼儿积极参与体育活动的兴趣，增强团队协作意识和集体荣誉感。

经过前几次的活动练习，幼儿对踢足球这项运动有了较多的经验，并且能够在活动过程中，灵活地运用这些经验，相比之前，都有了很大的进步。

活动实录图

活动十：传球射门

活动目标

- 掌握足球脚内侧绕障碍运球、射门。
- 灵活运用身体的各部位参与到足球运动中。
- 幼儿热爱足球运动，积极参与体育活动

活动准备

足球人手一个，球门 2 个。

活动过程

- 热身运动：徒手操

扩胸运动—体转运动—腹背运动—弓步压腿—侧压腿—膝绕环—踝、腕关节运动。

- 体能训练

1. 幼儿绕操场跑 3 圈（先快跑再慢跑）。
2. 幼儿蛙跳 2 分钟。
3. 放松腿部。

- 自由练习运球（3 分钟）

指导要点：

1. 无论什么时候都不能用手去拿球。
2. 用脚内侧、脚外侧、脚背运球。
3. 运球时尝试跑起来运球。

- 足球赛

每队 10 人，尝试进行足球赛。

教师讲解比赛规则。

（因为是幼儿，考虑实际情况，所以比赛时长限定为 10 分钟。让幼儿体验到比赛的氛围即可。）

比赛结束后，教师点评活动中出现的状况。

活动反思

　　通过前面几次活动的动作练习，幼儿能够较好地进行运球。在本次活动中尝试开展足球赛，幼儿特别感兴趣，整个活动中都动了起来，他们的运动量及运动技能得到了很大的提升和发展。不过幼儿扎堆的现象比较明显，幼儿之间还不会合作进行比赛，这也是我们接下来要思考解决的问题。

活动实录图

（本课指导老师：殷秀莲）

线扎炫染

年级组：中班、大班

扎染，这一传统的手工染色技术，承载着深厚的文化底蕴，是中国非物质文化遗产中的瑰宝。作为民间传统且独具特色的染色工艺，扎染以其独特的魅力深受大家喜欢，在染色时巧妙地将织物部分结扎，使之在染色过程中无法上色，从而创造出丰富多彩、变幻莫测的图案。本次活动以扎染工艺为核心，帮助幼儿从生活中提升美的体验，感受古老的扎染工艺，感知民间艺术的神奇与伟大，感受中国传统艺术的魅力。

活动一：认识扎染

活动目标

- 引导幼儿了解扎染工艺的特点。
- 引导幼儿发现、认识、思考、动手制作，感受传统扎染的魅力。
- 通过学习与动手操作，激发对扎染的热爱。

活动准备

展示品、示范用的布料、染料、透明胶、白布。

活动重难点

重点：扎染图案制作的方法和步骤。

难点：在制作过程中的自主表现能力和自我创新能力的体验与发挥。

活动过程

- 观察与认识

直观导入，激发幼儿兴趣。

师：小朋友们，瞧，老师带来了一幅扎染作品，仔细看看，这些作品美吗？你们觉得哪里最美？

观看视频，了解扎染的发展历史和制作特点。

- 尝试与感受

教师讲解扎染的特点：它是用线、绳对织物进行结系、捆绑、缝扎，然后放进染液中进行煮染，由于扎结的外力作用，使得织物染色不匀，拆除扎线洗去浮色后，织物上即可显现奇特的彩色花纹。其成品色彩朴实，自然大方，富有浓郁的民族风格。

教师具体介绍扎染的方法和步骤，和幼儿一起体验扎染的乐趣。

折：对边折、对角折、四边向心折

扎：捆扎、包扎、夹扎

染色：染料介绍、浸染法、点染法

展开：将浸透的布拧干，松开捆扎的绳子，展现布上的纹样。

通过师生互动，让幼儿自己得出结论：

结论1：扎捆过程中扎紧的力度、间隔的疏密程度，会直接影响到扎染的染色效果。

结论2：染色的水分多少、时间的长短、染料的浓淡等都会直接影响到扎染的效果。

● 实践与指导

幼儿尝试操作，教师巡回指导。（主要检查学习效果、幼儿之间合作的意识及创新能力）

● 展示与交流

请幼儿互相看一看制成的扎染布，说说自己最喜欢哪块，它的图案是怎样扎出来的。

说一说自己要用这块布做什么物品。（用扎染布制作头巾，装饰花瓶，引导幼儿将旧衬衫制作成扎染衣服。）

活动反思

这是扎染社团的第一节课，本节课的主要目标是让幼儿了解扎染步骤及扎染方法、欣赏扎染作品、体验颜色变化，从而激发幼儿的学习兴趣。在欣赏完作品后让幼儿初次探索染色，成功引起了他们对扎染艺术的兴趣，他们纷纷表示要把作品带回家。

这次活动主要是为了引导幼儿了解扎染工艺的特点，培养幼儿的审美能力和动手制作能力。在欣赏扎染作品的过程中，能够通过互动学习的方式进行练习，让幼儿从发现、认识、思考、动手制作的过程中，感受传统扎染的魅力。同时，也能够通过学习与动手操作，激发幼儿对扎染艺术的热爱。

本活动只是让幼儿了解扎染的魅力和现代扎染方法的一个小方面，扎染还有许多传统和现代的色彩、图案和花纹，我们会让幼儿在后续活动中不断地去认识、学习和探索。

在活动过程中我们采用了多种有趣的方式，让幼儿能够对扎染工艺有一个清楚地了解，对扎染产生浓厚的兴趣。通过亲自创作，了解简单的扎染方法，体验扎染的乐趣，激发他们对中国传统艺术的喜爱之情，增强他们的民族自豪感。同时，引导幼儿运用辅助材料丰富作品，培养他们的大胆创新能力。

活动实录图

活动二：包扎法

活动目标

- 尝试用皮筋、珠子进行扎染。
- 通过欣赏，激发幼儿对扎染的兴趣。
- 积极参与活动，体验成功的乐趣。

活动准备

皮筋、染布、剪刀、染料、弹珠、细铜丝。

活动过程

- **引导观察**

出示四块用不同扎染方法做成的手绢，引导幼儿观察、欣赏。

师：瞧，老师手上拿的是什么？

师：哪里不一样？你喜欢哪一块手绢，为什么？

- **讨论扎染的方法**

像大海波浪一样的曲线花纹是通过把手绢对边折，再扎皮筋做出来的。

圆形花纹是用包珠子的方法扎出来的。

斜线花纹是通过把手绢对角折再扎皮筋做出来的。

四角花纹是用四个角上扎皮筋做出来的。

- **启发兴趣**

出示图稿和作品，激发幼儿产生设计和扎染手绢的兴趣。

扎染步骤：

第一步：将珠子放在布里面，用橡皮筋将圆珠捆在里面。

第二步：选取自己喜欢的染料将扎好的布进行扎染。

（注：扎染前戴好一次性手套，染料不能使劲挤，染料将布染色便可停止。）

第三步：洗手绢。

第四步：拆皮筋。

第五步：作品分享。

师：说说你喜欢哪块手绢，为什么？

活动反思

　　本次活动是引导幼儿用皮筋和珠子完成手绢的扎染，由于幼儿手部精细动作发展不够好，在使用橡皮筋时不能拉开皮筋，且不能绕圈套住珠子，所以本次活动主要是在教师的帮助下完成的捆扎步骤。根据以上情况，我们决定更换材料，尝试用粗毛线或者毛线根尝试进行捆扎。

活动实录图

活动三：大嘴夹折叠夹扎法

活动目标

- 通过欣赏，激发幼儿对扎染的兴趣。
- 熟练掌握扎染的折叠夹扎法的技法，并积极参与活动。

活动准备

染布、木块、大嘴夹。

活动重难点

重点：扎染的折叠夹扎法的技法。

难点：大嘴夹的正确使用。

活动过程

- 扎染作品欣赏

师：小朋友们，这些扎染作品上的图案和我们上一次活动欣赏的扎染图案一样吗？这些图案是怎样出现的呢？今天我们来学习扎大嘴夹折叠夹扎法。

- 讲解方法和步骤

出示扎染作品，欣赏扎染图案：

分小组讨论：扎染作品中的图案是怎样形成的？（扎结的基本方法：结、捆、缝、夹、包等，这次欣赏的扎染作品中的图案主要是用夹的方法制成的）

讲解大嘴夹折叠夹扎法的方法和步骤：

第一步，染布打湿水，拧干。

第二步，将染布边对边、角对角，折叠两次。

第三步，领取大嘴夹和木块，用木块将布夹在中间，旋转大嘴夹上的螺丝，大嘴夹张开嘴巴后，把木块和染布放进嘴巴中间，一只手旋转螺丝，用大嘴夹牢牢夹住木块和布的中间。

第四步，戴好手套进行染色。

第五步，松开大嘴夹，展示作品。

教师总结：大嘴夹折叠夹扎法是扎染中应用最广泛的技法之一，对折后的织物捆扎染色后成为对称的单独图案纹样；一反一正多次折叠后可制成两方连续图案纹样。

● 分组练习，巡回指导

逐一对幼儿进行指导，对他们的操作进行点评。帮助幼儿解决在制作过程中遇到的难点并总结制作过程中出现的问题。

作品展评，幼儿自评、互评和教师评价结合。

小结：本节课的关键在于幼儿的创意、想法与扎染的表现。

活动反思

大嘴夹折叠夹扎法，幼儿很快便能上手，因为他们前期有折叠经验，染出来的效果非常好。

不足之处在于，本次给幼儿提供的布比较短，幼儿在进行折叠时，折叠出来的厚度不够，夹出来的花纹也不够清晰，下次可以给他们提供一张完整的布，增加折叠出来的厚度，提升学习效果。

活动实录图

活动四：条形捆扎法

活动目标

● 熟练掌握扎染的条形捆扎法。

活动准备

染布、线。

活动过程

● 导入：扎染作品欣赏

师：请小朋友们认真看一看这些扎染作品，小声说一说，这些好看的图案是怎样出现的？

● 学习条形捆扎法

扎染前期的处理：将染布用水浸泡打湿。

扎结的技法——条形捆扎法：

1.将织物顺成长条，用棉线捆扎成 6 小节。

2.染色——彩虹。挑选出彩虹的颜色（红色、橙色、黄色、绿色、青色、蓝色、紫色），每节染一种颜色。

3.拆开绳子，打开作品。

● 作品展评

幼儿进行自评、互评。

幼儿评价结束后教师评价。

● 小结

用绳子捆得越紧，扎染出来的花纹越明显，捆扎的小节越多，染的色彩越多，染出来越像彩虹，扎染的图案也更漂亮。

活动反思

　　捆扎法的重点，是让幼儿运用绳子进行捆扎，捆得越紧，染出来的条纹越明显。有的幼儿没有捆紧，染出来的花纹就不明显，下节课应该对幼儿的捆扎能力加强训练。

　　我们可以组织一些有趣的捆扎比赛或者游戏，让幼儿在游戏中学习如何更好地掌握捆扎技巧。比如，可以将时间限定在一定范围内，让幼儿在规定的时间内尽可能紧地捆扎布料，然后评比谁的捆扎效果最好。这样的活动不仅能够激发幼儿的兴趣和动力，还能让他们在实践中不断提高自己的捆扎技能。

　　总之，捆扎法是一项需要用耐心和细心去学习的操作，通过加强技能训练和提供有趣的学习机会，我们可以帮助幼儿更好地掌握这一技能，为他们的创造力和想象力提供更大的发挥空间。

活动实录图

活动五：小木夹折叠夹扎法

活动目标

- 熟练掌握扎染的折叠夹扎法。
- 通过欣赏，激发幼儿对扎染的兴趣。
- 积极参与活动，体验成功的乐趣。

活动准备

棉布、小夹子。

活动重难点

重点：扎染的折叠夹扎法。

难点：小木夹的正确使用。

活动过程

- 导入：扎染作品欣赏

师：小朋友们，老师今天带来的扎染作品上的图案和我们上节课欣赏的扎染图案一样吗？这节课我们就一起来学习小木夹折叠夹扎法。

- 小木夹折叠夹扎法

扎染前期的处理：将染布用水浸泡打湿。

扎结的技法——小木夹折叠夹扎法：

长边对长边，短边对短边，折叠3次后，用一只手的大拇指与食指捏住木夹，让小木夹夹住染布进行夹扎。染色后拆开夹子，打开作品。

- 分组练习，巡回指导

逐一对幼儿进行指导，对他们的操作练习进行点评。帮助幼儿解决在制作过程中遇到的难点并总结制作过程中出现的问题。

- 作品展评

幼儿先自评、互评，然后教师评价，最后做小结。

活动反思

　　小木夹折叠夹扎法，幼儿很快便能上手，因为他们在班级中有长方形折叠的经验，染出来的效果非常好。

　　不足之处在于，幼儿在折叠时，折叠出来的厚度不够，导致夹出来的花纹不够清晰，下次可以引导幼儿多折叠几次，增加折叠出来的布的厚度，让扎染出来的纹路更清晰。

活动实录图

活动六：三种方法扎染围巾

活动目标

- 理解扎染的原理和方法。
- 掌握三种扎染围巾的方法。
- 运用所学方法创作属于自己的扎染围巾。

活动准备

染布、染料、线、木板、珠子、小夹子、大嘴夹、毛线根、细铁丝。

活动过程

- 活动导入

教师展示各种颜色和花纹的扎染围巾，激发幼儿的兴趣和好奇心。

- 讲解示范

作出条纹效果：

将围巾平放在桌子上。从底部开始向上卷，一直卷到领口，这样围巾就卷成了一个长长的管状的卷。用线或者皮筋绑起来。

如果只想要几条条纹，就在捆扎的时候把距离拉开一些，总共捆扎3次。将围巾从下往上卷，会制造出竖条纹。如果想要的是横条纹，那么就把围巾从左往右（或者从右往左）卷，按照左右方向来捆扎。

制造螺旋图案：

先把围巾平放在工作台或者桌子上，将大拇指和食指放在围巾的中心位置，按照一个方向旋转，让围巾围绕中心点转起来。

把整个围巾都卷进去以后，就用比较大的皮筋或者线绳把围巾绑起来。此时需要捆出至少6个部分，这就需要至少3个皮筋或者线绳来捆扎围巾。捆扎的形状大致应该是圆形，并且需要交叉着捆扎出类似切好的比萨饼的形状。

如果想要更复杂的图案，就用更多的皮筋或线绳来捆扎。要确保所有的皮筋或者线绳都相交在中心点。

也可以制造出很多个小的螺旋图案，方法就是用上述技巧在围巾上分出好几个区域来分别扎染。

如果围巾开始起皱了，就先整理平坦。虽然我们想要把围巾扎染出螺旋形，但是一开始还是应该平整地放在桌子上。

制作圆点图案：

在围巾上捏出几个小的部分，用一小段线绳绑在每一块布料的末端。要制造小圆点，就应在扎起来的部分之外留出 1.5 厘米～2.5 厘米。

如果想要大圆点，将布料扎起来的时候可以把更多部分扎进去，这样更多的布料就会被扎起、凸出来。还可以制造出靶子一样的同心圆图案，方法就是在扎起来的部分加上更多的皮筋，这样就会有更多的圆圈。可以在捆扎之前用染过的线绳，这样就能多制造出一圈颜色来。

制造花饰图案：

先把围巾的一小部分捏到一起，用一只手捏好，然后再把邻近的部分也捏出一个相同的部分，并同样放到另一只手里。等捏好一小撮之后，就用线绳或者皮筋把它们捆到一起。

如果想在花朵图案上制造出更多的层次，就多捆几圈。只要空间允许，想在围巾上做多少朵就做多少朵。

如果想让花朵更加精细，就捆扎更多的布料。如果只捆扎一小部分，只能做出最基本、最简单的花朵形状。

如果想给围巾制造褶皱效果，最简单的办法就是按照自己喜欢的样子随意把它弄皱。应该弄得乱七八糟、皱皱巴巴，而不应该再整齐地卷起来或者叠起来了。想拿多少皮筋就拿多少，直接捆扎起来，最"褶皱"的造型应该是没有任何规律和图案的。

制造折痕：

从围巾的下端开始，往上按照手风琴那样的褶皱卷起来。这样做的方法是，先朝上、朝前折起来，然后朝上、朝后折，以此类推，直到整个围巾都卷起来。

想捆扎多少次就把围巾捆多少次。这种风格的做法有点像做条纹的方法，所以捆扎多少次完全取决于设计者。

向上折会制造出竖直的折痕。如果要水平的折痕，可以用相同的方法，从左往右折围巾（或者从右往左）。

● 幼儿实践操作

每人准备一块围巾、染料、夹板、针线、橡皮筋等材料。

幼儿按照教师示范的方法，尝试用三种扎染围巾的方法扎染围巾。

● 作品展示与评价

幼儿将自己的作品展示在扎染架上，与其他同伴分享创作过程和成果。教师和幼儿对每件作品进行评价，主要从创意、技巧、色彩搭配等方面。

活动反思

教师既回顾了之前学习的扎染方法，同时又教了几种新方法，大多数幼儿能够根据步骤进行，但部分幼儿对捆扎的方法掌握得还不是很好，需要继续强化。这次活动是为了幼儿更好地理解扎染的原理和方法，同时能掌握三种扎染围巾的方法，最后能够运用所学到的方法创作出属于自己的扎染围巾，激发幼儿对扎染的学习热情。

活动实录图

活动七：扎染纸巾

活动目标

● 尝试自己设计图稿，选择材料扎染纸巾。

● 能大胆操作，并积极向同伴展示自己的扎染作品、介绍扎染经验。

● 通过欣赏扎染纸巾进一步感受图案与扎染方法之间的关系，对扎染产生兴趣。

活动准备

1．幼儿已有用皮筋、玩具等工具和材料进行扎染的经验。

2．用不同方法制作的扎染作品若干，相对应的方法图纸。

3．扎染材料：白色纸巾、剪刀、染料、玩具、牛皮筋、塑料抽拉带、细铜丝等。

4．师幼共同设计的图稿和据此扎染的纸巾一块。

活动过程

● 欣赏与迁移

师：今天老师带来了几块扎染纸巾，说说看你们最喜欢哪块？为什么？

幼1：我最喜欢这块纸巾，它的颜色像块绿草地。

幼2：我最喜欢这块纸巾，它的花纹像鸡蛋，是椭圆形的。

幼3：我喜欢这块纸巾，它的花纹像大海的波浪。

幼4：我喜欢这块纸巾，因为它的花纹像火车轨道。

师：像火车轨道的花纹在哪里呢？

幼4：在纸巾的角上。

师：你知道这些好看的花纹是用什么方法扎出来的吗？

幼3：像大海波浪一样的花纹是把纸巾对边折，再扎皮筋做出来的。

幼2：椭圆形花纹是用包珠子的方法扎出来的。

幼1：斜形花纹是把纸巾对角折，再扎皮筋做出来的。

幼4：像火车轨道一样的花纹是在四个角上扎皮筋做出来的。

教师根据幼儿交流情况，在纸巾的下方出示相应的方法图纸。

● 回忆经验，明确关系

回忆经验，明确设计图稿与作品的关系，产生设计、扎染纸巾的愿望。

出示设计图稿，引导幼儿观察设计的花纹，猜测扎法。

师：昨天，我们设计了一张纸巾的图稿，看一看，上面都有哪些花纹？

幼：纸巾中间有一条斜线，斜线两边都有一个圆形，两个角上还有弧形的、像太阳一样的花纹。

师：怎样才能在纸巾上出现这些花纹呢？

幼1：先把纸巾对角折，然后扎上皮筋，就会出现中间的斜线了。

幼2：在纸巾两边用包珠子的方法扎。

幼3：在两个角上直接扎上皮筋。

出示扎染好的纸巾，引导幼儿比较。

师：这是我们扎染出来的纸巾，看看和设计图一样吗？

幼：不一样，我们设计的两个圆一样大，可是这两个圆一个大、一个小。

师：想一想，这两个圆怎么会一个大一个小呢？怎样才能让扎染出来的两个圆一样大呢？

幼：可能它里面包的珠子一个大一个小，只要选两个一样大的珠子就行了。

● 设计、扎染

师：今天我们来做小小设计师，自己设计图稿，扎染一块漂亮的纸巾。大家先要想好在纸巾的什么地方染出什么样的花纹，然后把它画下来，再根据图稿上的花纹选择合适的材料扎、染。

教师观察并指导幼儿设计图稿，根据图稿选择合适的方法及材料进行制作。

● 欣赏作品

展示设计图稿及扎染的纸巾，自由欣赏。

师：你们都按照自己设计的图稿扎出来了吗？你是怎么扎的？

幼1：我先在纸巾中间包了一个珠子，再把四个角一起扎起来。

幼2：我设计了好多条线。我先把纸巾对边折扎皮筋，再对折纸巾扎皮筋，扎一根皮筋就会出现两条线。

师：看看我们扎染的纸巾和设计图稿一样吗？

教师引导幼儿共同分析原因，使幼儿知道在扎染纸巾时要看清楚设计图稿上花纹的位置，并把纸巾折叠平整。

● 活动延伸

引导幼儿产生继续探索使用多种材料进行扎染的兴趣。

师：今天我们用皮筋和一些玩具设计、扎染了漂亮的纸巾。老师还带了一样东西，你们看看是什么？

师：小竹棒也能帮助我们扎染出漂亮的花纹呢，下次一起来试试好吗？

活动反思

在本次扎染活动中，教师在确保幼儿充分理解扎染的基本方法以及可能产生的图案效果后，进一步引导幼儿发挥创意，尝试设计自己的图稿。教师鼓励幼儿根据图稿有计划地选择扎染材料，并注重培养他们在扎染过程中的目的性和计划性。

为了帮助幼儿解决按照图稿选择材料、在相应的位置匹配扎染方法的困难，在活动开始部分，教师先有目的地选择了几块纸巾引导幼儿欣赏、匹配扎染方法；然后，过渡到让幼儿根据设计图稿讨论在纸巾的什么位置运用什么方法来扎染，进一步明确图稿与作品的关系；最后，教师让幼儿自己进行设计与扎染，体验成功的快乐。

活动实录图

活动八：跳舞女孩

活动目标

- 能根据人物外形画出大致轮廓。
- 大胆想象，尝试用剪刀将扎染成品剪出圆锥形形状。
- 动手动脑，积极参与活动。

活动准备

染布、染料、珠子、线、笔、剪刀、纸。

活动重难点

重点：把扎染成品剪成裙子形状，粘贴到人物剪影卡纸上。

难点：根据人物外形画出大致轮廓。

活动过程

- 导入

出示扎染作品，欣赏扎染图案。

师：今天我们用扎染给小女孩做漂亮的裙子，你们的裙子有哪些款式呢？

分小组讨论：扎染作品中的图案是怎样形成的？

讲解制作流程：

第一步，画小女孩的轮廓。

第二步，制作裙子。将染布成品前后翻折成长条，用毛线根捆在长条布的三分之一处，然后整理毛线根上面和下面的布。

第三步，将整理好的裙子上端对齐小女孩肩膀处，用双面胶将裙子粘贴到小女孩身上，跳舞女孩就完成啦！

- 分组练习，巡回指导

逐一对幼儿进行指导，对他们的操作进行点评。帮助幼儿解决在制作过程中遇到的难点并总结制作过程中出现的问题。

● 作品展评

幼儿先自评、互评，教师最后评价。

小结：观察幼儿的创意、想法与扎染的表现。

活动反思

在这次活动中，幼儿展现出了浓厚的兴趣，他们巧妙地运用所学的扎染技巧，制作出了充满灵动的跳舞女孩的裙子。在亲手完成作品的过程中，他们体验到了成功的喜悦，也收获了宝贵的自信心。虽然有个别幼儿在粘贴裙子时不慎撕坏了作品，但在同伴的互帮互助下，他们最终完成了漂亮的作品，展现出了团结合作的精神。教师始终以组织者、引导者、合作者的角色出现，注意培养幼儿的动手操作能力和创作能力，同时也对幼儿进行了审美教育。

活动实录图

活动九：蝴蝶结发夹

活动目标

● 掌握扎染发夹的制作方法，学会使用各种材料来创意设计。

● 通过观察、讨论、实践等方法，了解扎染发夹的制作过程，提高动手能力和审美能力。

● 培养幼儿保护传统文化的意识，激发幼儿对民间艺术的热爱，提高幼儿的环保意识。

活动重难点

重点：掌握扎染发夹的制作方法，学会使用各种材料进行创意设计。

难点：如何将传统扎染技术与现代发饰设计相结合，创作出具有个性的扎染发夹。

活动准备

扎染好的染布、发夹、热熔胶、线、珍珠等装饰物。

活动过程

● 展示扎染发夹

教师通过展示各种扎染发夹样品，引导幼儿了解扎染发夹的特点和制作方法，激发幼儿的兴趣。

● 示范制作方法与步骤

1.染布成品前后翻折，用线捆紧染布的中间。

2.整理染布的两端，选择装饰物进行装饰。

3.选择不同款式发夹，将做好的蝴蝶结用热熔胶枪粘在选好的发夹上。

● 实践操作

幼儿在教师的指导下，分组进行扎染发夹的制作。

活动反思

　　这次活动主要是为了让幼儿掌握扎染发夹的制作方法，学会使用各种材料进行创意设计。通过观察、讨论、实践等方法，了解扎染发夹的制作过程，提高幼儿的动手能力和审美能力。培养幼儿保护传统文化的意识，激发幼儿对传统艺术的热爱，提高幼儿的环保意识。在活动过程中，教师需要注意观察幼儿的创意、想法与扎染的表现，让幼儿根据所学的内容加入一些自己的想法，创造出更好的作品。

活动实录图

活动十：植物印染

活动目标

● 初步了解植物印染。

● 掌握植物印染的步骤及方法。

● 增强对大自然的向往和科学探究的兴趣。

活动准备

树叶、染布 、锤子 、透明胶。

活动过程

● 导入部分

师：宝贝们，今天我们要学习一种新的扎染方法，这种扎染方法叫作"植物印染"。

● 植物印染

介绍材料：

师：植物印染需要哪些材料呢？我们一起来看看吧！树叶、染布、锤子、透明胶。

制作方法及步骤，教师完整示范：

第一步，收集树叶、花朵。

第二步，把捡到的树叶放在染布上。

第三步，贴透明胶固定树叶。

第四步，用锤子锤树叶。

第五步，撕下透明胶。

教师讲要求：

1.不能摘树叶，要捡湿湿的落叶。

2.使用锤子轻轻锤树叶，不要挥得太高。

● 结束部分

欣赏幼儿作品，点评作品，请做得好的幼儿分享经验。

活动反思

通过本次活动，幼儿对植物印染有了初步感受，同时也体验到了成功的快乐，树立了信心。幼儿对植物印染兴趣非常浓厚，自己积极主动尝试做植物印染。在活动过程中，有个别幼儿没有掌握好锤的力度树叶被锤烂，导致轮廓不够清晰，下次活动前要向幼儿强调锤的力度以保证树叶轮廓清晰好看。

活动实录图

（本课指导教师：余惠莲、刘婷）

多彩童画

多彩童画

● 年级组：中班、大班

　　绘画，作为艺术的一种表现形式，以表面为支撑，通过图形、构图及美学手法的运用，传达出创作者内心深处的概念与情感。本活动旨在帮助幼儿深入理解绘画的基本元素——颜色、形状与线条，鼓励幼儿运用画笔创造出简单而富有个性的图案与形状。通过模仿教师的示例，旨在激发幼儿的想象力，鼓励他们创作出独一无二且又充满个性的作品，从而培养他们对绘画的热爱与创造力。

活动一：写生"画房子"

活动目标

- 尝试根据所观察房子的特色进行实景写生。
- 能根据房子的主次结构运用粗细线条。
- 感受实景写生的别样魅力。
- 培养幼儿的观察、操作、表达能力，提高幼儿的审美情趣及创新意识。

活动准备

1.线描画范例两幅。2.空旷场地一处。3.记号笔（一头粗一头细）若干。

活动重难点

重点：寻找实景进行写生,并懂得"写实"在写生中的重要性。

难点：利用粗细线条区分房子的主次关系。

活动过程

- 观看图片，初识线描画

师：这组图片和你平时看到的有什么不同?（是用线完成的，没有涂色）

师：这种形式的画叫作线描画。

- 集体讨论，认识线描画

师：这些图里的线条有什么特点?（密集、粗细有别）

教师小结：

线描画是用各种线条进行绘画的形式，根据所画物的不同，可采用不同的线条，如主体部分用粗线条，其余部分用细线条，以此来增加对比度。

● 户外写生，尝试线描画

提出要求：

1.选择一处自己感兴趣的房子，利用线描的形式将它画下来。尽量利用粗细线条结合的方式进行绘画。场地选择时不要挡住他人视线，不要面对阳光。

2.幼儿搬好凳子到户外。（提醒幼儿正确拿凳子，楼梯处要特别注意）

3.发放作画用品，幼儿开始写生，教师巡回指导。

● 作品介绍，欣赏线描画

将幼儿作品统一张贴在黑板上，请幼儿说说自己最喜欢的作品，并请他们进行简单的介绍。

活动反思

幼儿首次外出绘画，满怀好奇与期待，都能积极参与其中。然而，部分幼儿对于户外绘画的目的仍显迷茫，未能充分理解教师的指导要求，教师在活动前应更加细致地解释户外绘画的意义与目的。同时，绘画教具也应更加多样化，除了油画棒外，还可以考虑加入水彩、彩铅等更多绘画工具，以丰富幼儿的绘画体验。尽管存在这些不足，但幼儿的整体积极性非常高，作品完成度也相当不错，显示出他们对绘画的浓厚兴趣与天赋。

活动实录图

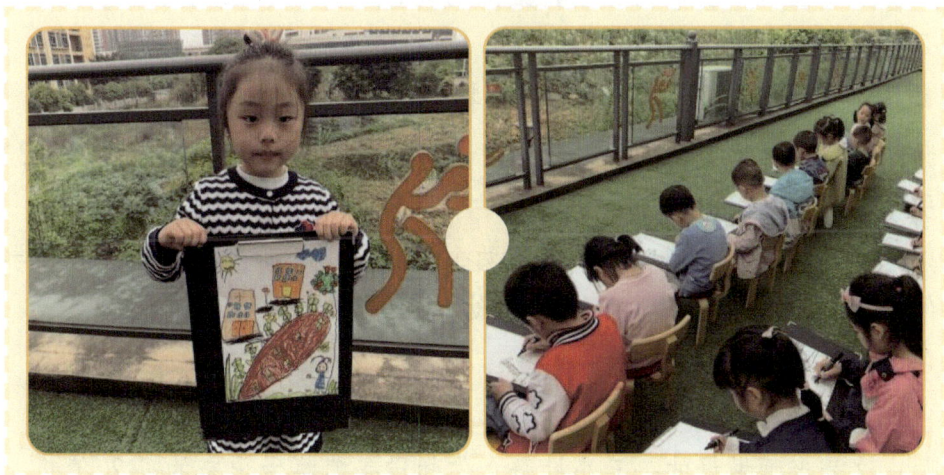

活动二：泥工"小螃蟹"

活动目标

- 掌握平面泥工的基本技法。
- 根据螃蟹的特征学会制作小螃蟹。
- 培养幼儿的观察能力和动手能力。

活动准备

多媒体课件、橡皮泥。

活动过程

- 情景导入、激发兴趣

出示图片，故事导入引起幼儿兴趣。

师：从前有一条非常美丽的小河，河水清清的，河底有绿绿的水草，还有圆圆的小石头哦，小朋友们猜一猜这么漂亮的地方会是谁的家呀？（幼儿讨论）

教师播放课件，出示小螃蟹。

师：哦，原来是小螃蟹的家呀！

师：小螃蟹有可爱的大钳子，红红的壳，这节课就让我们一起来用橡皮泥做一只可爱的小螃蟹吧！

- 幼儿观察、寻找小螃蟹的特征

师：观看多种螃蟹的图片，看一看，发现了螃蟹身上有什么秘密呢？

引发讨论：螃蟹的特征

师：螃蟹有一个身体、八条腿、两个大钳子，横着走路。请你来学学螃蟹走路的样子。（幼儿一起模仿，请个别幼儿表演。）

- 尝试制作

出示范例作品。

师：这是老师做好的一只小螃蟹，你知道是怎样做出来的吗？（猜想、预测做螃蟹的技法）

教师出示螃蟹的身体。

师：你知道这是用什么方法做出来的吗？教师引导幼儿回答，这种技法叫作搓、扁。

教师出示螃蟹的腿。

师：你们知道是用什么方法做出来的吗？

引导幼儿回答后，教师总结：这种技法叫搓泥条。

师：螃蟹有八条腿，还有两个大钳子。

教师进一步引导幼儿运用接合、捏合的方法作出螃蟹。

幼儿自己动手操作，教师巡回指导，鼓励幼儿发挥想象，大胆创作。

活动反思

螃蟹对于幼儿来说并不陌生，他们吃过螃蟹、捉过螃蟹，对螃蟹也充满了兴趣。这节美术活动通过猜一猜、看一看、说一说使幼儿能快速掌握螃蟹的主要特征。在活动的第一环节，教师引用猜谜的形式让幼儿猜猜，激起幼儿的兴趣。在欣赏这一环节中，教师及时肯定幼儿的回答，提升幼儿有关螃蟹的知识经验。

活动实录图

活动三：绘画"小刺猬"

活动目标

- 感知形状可以变成什么。
- 体验使用绘画工具的乐趣。
- 体验分享的乐趣。

活动准备

1. 认识小刺猬，了解小刺猬的外形特征。
2. 彩笔、画纸。

活动过程

- 导入

师：冬天到了，枣园里的枣子都成熟了。刺猬哥哥和刺猬妹妹这几天都在忙着收枣子。

师：你们瞧，他们背着红红的枣子来了。

- 出示小刺猬，感知刺猬的外形特征

出示小刺猬，引导幼儿观察。

师：你们看，小刺猬是什么样子的，谁能告诉我呢？

引导幼儿说出刺猬的身上都是尖尖的刺等。

师：小刺猬真能干！还会背枣子，可是枣子太多了，刺猬哥哥、刺猬妹妹都来不及收。小朋友们，我们一起来变出更多的小刺猬帮帮他们吧！

师：那你们知道小刺猬是怎么变出来的吗？

教师示范：看看老师是怎么变的？先画一个半圆形，然后再画出它的小刺，它的小刺有什么作用呢，原来小刺猬的刺可以搬运粮食，那请你们画出它的粮食来。（有苹果，梨子等）那小刺猬画好了，小刺猬住在哪里呢？住在漂亮的森林里面，画一点树木、小草小花、蓝天白云都可以哦，画好之后要涂上美丽的颜色。小朋友们在涂颜色的时候一定要注意不要涂到线外面去了，要朝着一个方向慢慢涂。

幼儿操作，教师巡回指导。

● 结束部分

师：小刺猬身上都背满了枣子，现在我们把小刺猬送回家吧。（墙外展示）

活动反思

　　本次活动的教学重点是引导幼儿学习用插画方法制作小刺猬，如果单一地示范讲解一定是很乏味的。活动一开始，我设计了刺猬哥哥和刺猬妹妹背枣子的情景，吸引幼儿的注意力。"秋天到了，枣园里的枣子都成熟了。刺猬哥哥和刺猬妹妹这几天都在忙着收枣子。你们瞧，他们背着红红的枣子来了。"幼儿都很感兴趣。"那你们知道小刺猬是怎么变出来的吗？看看老师是怎么变的？"我边示范边说儿歌帮助幼儿理解。

活动实录图

活动四：绘画"小火车"

活动目标

● 能在游戏情境中创作，体验找朋友的快乐。

● 了解火车的外部结构，用方形或圆形表现火车车厢。

● 能够将车厢连成长长的火车，并大胆进行装饰。

活动准备

1. 图片"轰隆隆的小火车"、多媒体课件。

2. 幼儿用材料、水彩笔。

活动过程

● 情境导入

引导幼儿一起回忆动画片《托马斯和朋友们》中的主要人物及故事情节。

师：托马斯小火车的朋友们来喽！哇！这么多的小火车，让我们来一起看看，火车车厢是什么样子的？有什么样的车轮？车上还有什么？

● 探索发现

引导幼儿观察玩具火车的外形特征：

师：小朋友们，请你们选一个自己喜欢的小火车玩玩吧！并说说你们的小火车是什么样子的。

出示图片"轰隆隆的小火车"。

引导幼儿进一步了解火车的结构及其造型特征：

师：咔嚓咔嚓，小火车真神奇，圆圆的车轮，方方的车厢，一节又一节！

引导幼儿欣赏作品。

● 创作表现

观看多媒体课件、引导幼儿发现火车少了车厢，激发创作兴趣。

指导要点：鼓励幼儿画出长长的火车车厢，一节车厢连着一节车厢，鼓励幼儿画出火车的其他特征，如车厢上的装饰、铁轨等。

师：托马斯小火车接到胖总管布置的任务，要去运送货物啦！我们来帮托马斯添加车厢吧。

● 幼儿画车厢，教师巡回指导，提供帮助

师幼一起完成作品。

将作品集中放置在作品展示区，引导幼儿从造型和色彩等方面评议其他幼儿作品。

● 游戏"开火车"

指导要点：请幼儿站成一排，后面的幼儿将手放在前面幼儿的肩膀上，玩"开火车"的游戏，游戏过程中提醒幼儿不要推拉，注意安全。

师：我们和托马斯及它的朋友们一起"出发"去探险吧！

活动反思

从小班开始，车就一直是幼儿谈论的焦点，只要一说到火车的话题，幼儿就滔滔不绝，很开心地谈论起来。所以在活动中，幼儿大多能够跟着教师的节奏进行，并掌握好尺寸，在进行装饰时，能根据自己的兴趣和爱好，添画上各种不同的东西。他们不仅掌握了画火车的技法，还能为主体进行装饰，大胆创新，进行绘画创作。

活动实录图

活动五：水粉"枇杷"

活动目标

- 尝试用颜料水粉的技巧。
- 能够大胆运用曲线、直线及图形等大胆装饰枇杷。
- 感受水粉画带来的乐趣、与同伴分享的快乐。

活动准备

画板、水彩笔、素描纸。

活动过程

● 提问导入

唤起幼儿摘枇杷的记忆。

师：小朋友们，我们刚刚去采摘的是什么水果？（幼儿回答）

师：刚刚呀，我们去采摘了美味的枇杷，那老师要考考你们，我们的枇杷是什么形状的，是什么颜色的？（幼儿回答）

教师小结：枇杷头是圆圆的，黄色的，上面还有一个小肚脐眼。

● 认识材料

师：看来小朋友在采摘枇杷的过程中，都仔细观察了枇杷的样子，那我们用水彩笔把可口的枇杷画下来吧！我们今天要用到新的材料，这些新材料是什么呢？（颜料、画板、素描纸、排笔）

● 示范水粉过程，幼儿观察

师：我们先用棕色的颜料把枇杷的树根画出来，然后把笔洗干净，再用黄色的颜料画出一个个圆圆的枇杷来，再填上绿色的叶子，最后画上小肚脐眼就可以啦！

● 幼儿作画，教师巡回指导

教师：现在请你们拿出工具，准备开始画你观察到的小枇杷，在画的时候不要画到自己和其他小朋友的衣服上面了。当音乐停止的时候，你们就要收好画具和画板停止作画。

● 欣赏枇杷画

幼儿互相评价彼此的作品。

师：孩子们真棒，都画出了可口的枇杷，现在跟着老师一起，去尝尝我们采摘的枇杷吧！

● 活动延伸

黏土作品（枇杷）。

活动反思

幼儿第一次用颜料开始绘画，兴趣很高。他们先是在课前进行了枇杷的采摘活动，观察了枇杷的样子，课上都争先恐后地告诉教师枇杷的样子。然后他们开始绘画，枇杷的造型和状态各有特色，有的幼儿画的枇杷挂在树上，有的掉在了地上。

活动实录图

活动六：主题画"我的假期"

活动目标

- 能愉快地和同伴分享自己的快乐。
- 能大方地在同伴面前进行讲述。
- 具有仪表端庄、声音适量的讲述习惯。

活动准备

纸张、马克笔、蜡笔

活动过程

- 谈话：我的假期

师：小朋友们，我们前几天过了什么节呀！哦，是我们的"五一"国际劳动节，那你放假期间在家里做了些什么事情呢？（幼儿回答）

师：原来你们在家里做了那么多事情呀！

小结：在节假日里，我们可以做很多的事情，可以让爸爸妈妈带着我们出去玩，可以在家看书、玩玩具，还可以帮大人做一些自己会做的事情。

- 出示范画，幼儿欣赏

师：小朋友们，看！这是老师的假期，老师和好朋友一起在假期里出去野餐，准备了很多美味的食物，老师都把它们画了下来，那一会儿也请你们把你们在假期里发生的最有趣的事情画在纸上，和其他小朋友进行分享。

- 幼儿操作，教师巡回指导

师：在绘画的时候，请幼儿保持安静，保护好画具。

- 分享与指导

观察幼儿完成的作品，并作出评价，请幼儿拿着自己的画跟其他小朋友分享交流自己在假期里做的最有趣的事情。

- 活动延伸

制作照片墙。

活动反思

　　幼儿对在假期发生的事情特别感兴趣，都很积极地与同伴们分享，但在绘画的时候，教师没有表达清楚，幼儿把发生的事情都画下来了，感觉画面太拥挤，没有顺序。

　　这种情况，教师可以考虑采取一些策略来帮助他们更好地组织和表达他们在假期中的经历。

　　首先，教师可以组织一个分享会，让幼儿轮流上台讲述他们在假期中的经历。这可以帮助他们理清思路，把发生的事情按照时间顺序或者重要程度排序。同时，其他幼儿也可以从中获取灵感，了解不同的故事线索和表达方式。

　　其次，教师可以鼓励幼儿在绘画时采用分层或分组的方法。他们可以先画出最重要的场景或人物，然后再逐渐添加其他细节。

活动实录图

活动七：线描"野餐"

活动目标

- 大胆运用图形和线条组合绘画。
- 体验和同伴分享一起野餐的乐趣。
- 培养幼儿的创作感和色彩感。

活动准备

画纸、马克笔、油画棒。

活动过程

● 提问导入，激发幼儿兴趣

师：小朋友们，你们有没有出去野餐过呀？都是和谁一起去的呢？

（请幼儿回答，有的是和家人、有的是和小伙伴）

师：那你们都会带一些什么好吃的食物呀？（请幼儿回答）

师：今天，我们也一起来制作一份美味的野餐吧！

● 示范绘画过程

师：首先，我们把装食物的篮子画出来，野餐的篮子形状各有不同，小朋友们可以想象一下，并装饰一些图案。

师：下一步，画食物，小朋友们出去野餐想带一些什么好吃的食物，你们把它画出来。

师：再把野餐垫画出来，画的时候要注意遮挡关系。

师：最后一步，全部都画出来后，用油画棒给它们涂上颜色。

● 创作指导

分发材料，幼儿创作，教师巡回指导。

作品完成，幼儿分享，教师进行点评。

活动反思

大部分幼儿都有过和爸爸妈妈去野餐的经历，绘画的形式让他们记录下来了自己去野餐的经历，或者让没有去过的幼儿对野餐有一个幻想，激发他们的想象力。

绘画不仅仅是一种记录方式，更是一种激发想象力的工具。它可以让幼儿无拘无束地表达自己的内心世界，将自己的幻想和期待呈现在纸上。通过这样的活动，幼儿不仅可以锻炼自己的绘画技巧，还可以培养自己的观察力和创造力，让他们更加热爱生活，热爱自然。

所以，让我们鼓励他们拿起画笔，用他们的双手去描绘这个美好的世界吧！无论是记录自己的经历，还是幻想未来的场景，绘画都是一种非常有趣和有益的方式。让我们一起在绘画的世界里，感受生活的美好和无限可能！

活动实录图

活动八：绘画"城堡幼儿园"

活动目标

● 通过观察城堡图片，感知房子有高有低，有尖有圆等不同的造型。

● 鼓励幼儿用各种几何图形大胆设计出未来的幼儿园。

● 通过创造活动，体验大胆创作的快乐。

活动准备

1.多媒体课件。2.有画建筑物的经验。3.绘画用纸、油画棒、勾线笔若干。

活动过程

● 引起兴趣，导入课题

教师和幼儿边唱《我爱我的幼儿园》边进活动室。

师：最近，生活在北极的北极熊在参加一个热气球旅游活动，今天它们坐着热气球来到了我们美丽的幼儿园，你们看它们来了……（播放）

师：它们来咯，突然一只北极熊，兴奋地叫起来（播放）："你们看，好漂亮的一座城堡啊，我们下去看看吧！"

师：你们猜北极熊们看到了？（个别幼儿回答）

师：（播放）原来它们看到了一所美丽的幼儿园！

● 认识幼儿园

师：看到北极熊们，小朋友可开心了，主动当起了导游，带北极熊们参观了整个幼儿园！（播放）

师：北极熊们高兴得连连拍手，真漂亮啊！有圆圆的柱子，还有尖尖的屋顶，就像一座城堡幼儿园！

师：嗨，北极熊你别急，我们还设计了两所城堡幼儿园呢，现在就带你们去吧！小朋友们也跟着一起去参观，好吗？

师：小朋友们和北极熊一起观看美丽的城堡幼儿园，好开心啊！北极熊知道了我们还有所新的幼儿园,就想了个好办法:它们想和小朋友们一起比赛,看看谁设计的幼儿园最漂亮!

● 观察讨论幼儿园的外貌特征

师:小朋友们先仔细回忆一下刚才参观的幼儿园里,你们找到了哪些形状?(幼儿讨论)

师:让我们再来参观一下,找一找你认识的图形宝宝。

● 欣赏范例,讲解创作要求

师:北极熊们已经设计好了未来的城堡幼儿园,我们来看一下。

幼儿边欣赏边讨论北极熊请了哪些图形宝宝来设计未来幼儿园。

师:现在轮到我们的小朋友大显身手了,有信心赢吗?

讲解比赛规则:

师:要积极开动小脑筋,设计出和其他小朋友不一样的城堡幼儿园。

师:邀请你认识的各种图形宝宝一起来设计幼儿园。

师:设计的幼儿园颜色要鲜艳美丽,外墙要粉刷得均匀。

师:设计的幼儿园要大,这样才能住很多的小朋友。

● 创作指导,欣赏评价

教师评价较有特色的作品。

师:北极熊们看了小朋友们设计的作品可喜欢了。

师:它们说每个小朋友都设计得很棒。

师:还为你们鼓掌了呢,小朋友们也为它们鼓鼓掌吧!

师:现在北极熊们要启程了,我们跟它们说再见吧!

活动反思

抓住幼儿的好奇心和兴趣点,教师及时组织了美术活动,因此在教学中幼儿兴致勃勃,观察认真细致,迫不及待地希望用自己的方式来表现这些独具特色的城堡。

在这次活动中,为了让幼儿能够通过观察城堡图片,感知房子有高有低,房顶有尖有圆等不同的造型,鼓励幼儿用各种几何图形大胆设计出自己想象中未来幼儿园的样子。

同时,在创造活动中,能够让幼儿体验大胆创作的快乐,多注重他们的观察力和感受,引导幼儿观察周围的事物,让他们用绘画的方式表达自己的感受，这样可以大大地发挥他们自己的创造力和想象力，在活动中教师应该更多地给予他们自由发挥的空间。

活动实录图

活动九：晕染"可口的草莓"

活动目标

- 尝试用水晕染水彩笔的技巧。
- 能够大胆运用曲线、直线及图形等大胆装饰草莓。
- 感受晕染画带来的乐趣，与同伴分享的快乐。

活动准备

画板、水彩笔、宣纸、棉签、水、纸杯、瓶盖。

活动过程

- 提问导入，让幼儿回忆摘草莓的记忆

师：小朋友们，我们刚刚去采摘的是什么水果？（幼儿回答）

师：刚刚呀，我们去采摘了美味的草莓，那老师要考考你们，我们的草莓是什么形状的，什么颜色的？（幼儿回答）

教师小结：草莓一头是尖尖的，一头是圆圆的；颜色是红色的，上面还有很多小芝麻点。

- 教师示范晕染画，幼儿观察

认识材料：

师：看来小朋友们在采摘草莓的过程中，都仔细观察过了草莓的样子，那我们用水彩笔把可口的草莓画下来吧！我们今天要用到新的材料，是哪些新材料呢？（水彩笔、宣纸、棉签）

示范晕染过程：

师：我们先用绿色的水彩笔在宣纸上画出草莓的经络，然后用棉签蘸一点水，点在画好的经络上。接着用红红的水彩笔画出草莓的形状，一头圆圆的，一头尖尖的。之后也用棉签蘸一点水，把草莓的小芝麻点画出来，再把叶子上的经络描出来，这样我们的草莓就画好了。

- 幼儿作画，教师巡回指导

师：现在请你们拿出工具，准备开始画你们观察到的小草莓，在绘画的时候水彩笔不要画到自己和其他小朋友的衣服上面了，当音乐停止的时候，你们就要收好你们的画具和画板结束绘画。

● 欣赏草莓画

幼儿互相评价彼此的作品。

师：你们真棒，都画出了可口的草莓，现在跟老师一起，去尝尝我们采摘的草莓吧！

● 活动延伸

黏土作品（小草莓）。

活动反思

幼儿已经是第二次尝试用宣纸进行绘画了，他们对于水彩笔被沾水的棉签打湿晕开特别感兴趣，用瓶盖也是非常积极，工具新颖让幼儿的参与度更高。不过年龄段较小的幼儿完成度不是特别理想，这时教师应该更有耐心地进行指导和鼓励。

活动实录图

活动十：制作花束

活动目标

● 尝试用绘画、拓印等方法制作花朵，用粘贴、剪、卷折等多种方式制作花束。

● 了解与自己生活密切相关的劳动职业，用献花的方式，表达对从业者的尊重和关心。

活动准备

各色颜料、擦手毛巾、水彩笔、彩色手工纸、皱纹纸、剪刀等，花束包装袋若干。

活动过程

● 欣赏与讨论

教师出示自制的花束。

师：这是什么，你们见过花束吗？在哪里看见过？什么情况下会收到花？请幼儿回答。

师：如果这束花是你的，你准备送给谁？引导幼儿回忆祖辈、父母、老师等其他社会职业人员为小朋友们做的事情，激发幼儿的感恩情怀。

师：有这么多的人关心、爱护小朋友们，这束花到底送给谁好呢？我有些为难了，请小朋友们帮老师想想办法吧。（幼儿自由泛说）有了，我们每个人制作一束花去送给为小朋友们付出辛勤劳动的人吧！

● 演示与制作

师：小朋友们，请你们看一看老师今天带来的花束，猜一猜它是用什么方法制作而成的。

展示并介绍各种不同的花朵制作方法：

师：用水彩笔在手工纸上画出花朵的图案，用剪刀剪下来，贴在吸管上，并装饰上叶子。

师：再用手指拓印，用手指的上端蘸取颜料，然后印在画纸上。将拓印的花朵图案剪下来，用吸管当花茎，再添加上手工纸制作的叶子。

师：最后折叠皱纹纸，剪出花瓣的形状，然后缠绕在吸管上，装饰上叶子。

● **幼儿自由创作，教师指导**

鼓励幼儿自主选择制作方式，大胆想象，引导幼儿运用已有经验，用提供的辅助材料粘贴、撕剪成花茎和叶子。

教师为幼儿准备好花束的包装袋，请幼儿把自己做的花束放进包装袋，并说说花束想送给谁。

活动反思

这是小班的幼儿升中班之后第一次上社团活动，对于课堂很兴奋，本节课设计了用颜料手指画加上卡纸的卷、粘贴来锻炼幼儿的动手能力，虽然简单，但对于初升中班的幼儿仍有一些难度，但这并没有打消他们的积极性。

活动实录图

（本课指导老师：谭露）

绘声剧场

● 年级组：中班、大班

　　表演艺术是通过人的演唱、演奏或人体动作、表情来塑造形象、传达情绪和情感，从而表现生活的艺术，代表性的门类通常是音乐和舞蹈，有时杂技、相声、魔术等也被划入表演艺术。本活动能够让幼儿理解和感受故事情节，培养他们对表演的兴趣。通过表演，增强幼儿的记忆力和语言表达能力，以及培养幼儿积极、自信、合作的态度，辅助他们的社会性发展。

活动一：故事《老虎拔牙》1

活动目标

● 知道面部表情、身体语言可以传达情绪状态。

● 熟悉绘声剧场规则，初步了解绘声剧场，体验儿童剧表演的乐趣。

● 熟悉《老虎拔牙》的故事，大胆展示自我，尝试用声音、动作展现角色特点。

活动准备

故事《老虎拔牙》。

活动重难点

重点：熟悉绘声剧场规则，初步了解绘声剧场，体验儿童剧表演的乐趣。

难点：大胆展示自我，尝试用声音、动作展现角色特点。

活动过程

● 游戏表情变变变

教师讲述"表情变变变"游戏规则。

师：小朋友们，有没有玩过"表情变变变"的游戏，当老师说口令"我的表情变变变，开心！"那你们就要作出开心的表情。

教师带领幼儿一起游戏。

教师根据幼儿的表情动作进行点评。

师：我发现很多小朋友不仅有表情的变化，还加上了肢体动作，例如：生气的时候，他的表情告诉我他很生气，他的双手叉腰，跺脚的动作告诉我他很生气，从面部表情和身体动作可以看出小朋友是高兴还是生气。

● 了解绘声剧场表演和当观众的规则

师：欢迎小朋友们进入到绘声剧场，剧场中有我们的约定，（教师出示规则牌）一起看看有什么约定呢？

台上演员：轮到表演的时候再上台表演。

台下观众：在座位上安静观看，有问题表演结束后再举手。

● 熟悉《老虎拔牙》的故事

教师讲述故事《老虎拔牙》。

回顾故事，教师邀请幼儿讲述故事的主要情节，带领幼儿分析角色特点。

教师邀请幼儿尝试用声音和动作的变化展现角色的特点。

教师邀请幼儿上台表演故事片段，小狐狸给老虎拔牙的故事情节，重点引导幼儿用声音和动作展现角色的特点。

教师根据幼儿的表演情况进行点评。

● 故事表演

教师邀请幼儿进行故事表演，并针对幼儿表演的肢体动作和表情进行指导。

活动反思

考虑到幼儿对儿童剧还不熟悉，且来自不同班级，对社团老师和其他幼儿也比较陌生，因此活动一开始，我们就设计了一系列互动游戏。这些游戏旨在帮助幼儿更快地融入团队，熟悉新伙伴和老师，同时也有效激发了他们的参与热情。

在游戏过程中，教师向幼儿介绍了绘声剧场社团，鼓励他们分享自己对这一新环境的初步印象。同时，还邀请幼儿模仿一些基本情绪，如开心、生气、惊讶等，让他们初步感受到儿童剧表演的魅力。

通过此次活动，幼儿深刻认识到面部表情和身体动作在表达情绪状态中的重要作用。他们不仅熟悉了绘声剧场的规则，还对儿童剧有了初步了解，体验到了表演的乐趣。特别是在"表情变变变"的游戏中，幼儿学会了如何通过面部表情传达不同的情绪。

此外，在活动过程中，幼儿还了解了观看绘声剧场表演和作为观众的规则，熟悉了《老虎拔牙》的故事情节。他们跟随教师的指导，积极参与《老虎拔牙》故事的表演，大胆展现自我，尝试用声音和动作来刻画角色特点。

这次活动采用多种幼儿感兴趣的方式，让他们在表演中体验到成功和自信，从而提高了他们的艺术能力和审美能力。幼儿在大胆的游戏表演中积极参与，不仅享受到了活动的快乐，还收获了成功的喜悦。

活动实录图

活动二：故事《老虎拔牙》2

活动目标

- 了解肢体、表情、语言烘托角色的重要性。
- 了解和分析动物角色的特点。
- 能尝试大胆表现人物性格。

活动准备

绘本故事、元宝糖果道具、手偶、动物头饰。

活动重难点

了解肢体、表情、语言烘托角色的重要性。

活动过程

- 了解肢体、表情、语言的重要性

教师带领幼儿回顾故事《老虎拔牙》中老虎牙齿疼的情景，鼓励幼儿思考如何能够更加生动地展现出这个情景，并邀请幼儿表演，最后教师加上肢体动作、表情、语言烘托的情景表演，幼儿来直观感受它们在烘托角色中的重要性。

- 了解角色特点，尝试扮演

引导幼儿熟悉狐狸的语言：

师：狐狸会是一种什么状态呢，和小兔子一样很害怕的样子吗？它是怎么跟小猴子和小兔子说的？（你们怕大老虎，我就不怕。我还要把它的牙齿全部拔掉呢！）

尝试扮演狐狸：

师：它为什么不怕老虎？我们在扮演狐狸的时候，要怎么样？（狡猾的，爱面子、爱吹牛的）。

- 完整表演《老虎拔牙》

教师邀请幼儿分组表演《老虎拔牙》，在活动中重点观察幼儿表演时的肢体动作、表情、语言展现角色的部分并给予重点指导。

活动反思

　　教师带领幼儿大胆猜想动物角色的动作并用肢体动作表演角色的特点，同时邀请幼儿表演故事中的角色，尝试用动物的音调说话，让幼儿初步感受儿童剧表演。活动中幼儿积极参与活动，对于模仿动物的动作并用动物声音说话觉得十分有趣，也想上台尝试。

　　这样的活动不仅让幼儿初步感受到了儿童剧表演的魅力，也让他们在游戏中学习了如何理解和表达动物的特点。更重要的是，他们在参与的过程中，不仅锻炼了自己的表演能力，还培养了他们的自信心和团队合作意识。

　　看着他们在活动中的快乐表现，我们深感这样的活动对于他们的成长是非常有益的。我们会继续组织更多这样的活动，让幼儿在游戏中学习，在快乐中成长。同时，我们也期待更多的幼儿能够勇敢地走上舞台，展示他们的才华和魅力。

活动实录图

活动三：故事《老虎拔牙》3

活动目标

● 了解儿童剧的基本形式和内容，知道舞台场地布置、道具、舞蹈、音乐设置对塑造戏剧氛围的积极作用。

● 能声情并茂地表演《老虎拔牙》第三幕"狐狸医生拔牙"。

活动准备

狐狸头饰、老虎头饰、拔牙工具。

活动重难点

重点：了解儿童剧的形式和内容，知道舞台场地布置、道具、舞蹈、音乐设置对塑造戏剧氛围的积极作用，能声情并茂地表演《老虎拔牙》第三幕"狐狸医生拔牙"。

难点：知道舞台场地布置、道具、舞蹈、音乐设置对塑造戏剧氛围的积极作用。

活动过程

● 回顾绘本第一、第二幕

师：我们上次活动说到狐狸不安好心给老虎送糖吃，还不让它刷牙，结果大老虎怎么样？（牙疼得不得了）现在大老虎该怎么办呢？狐狸又会做什么呢？

师：老虎一开始找了谁？（马大夫）结果怎么样？它可能会怎么说？

师：后来又找了谁？（牛大夫）它又是怎么做的？

● 整体观看《老虎拔牙》儿童剧

师：上次我们表演了《老虎拔牙》，今天我们一起看看其他小朋友表演的和我们有哪些不一样。

幼儿观看《老虎拔牙》儿童剧。

师：看完后，你们发现了他们和我们表演的有什么不一样呢？

师：你们更喜欢哪一种？（幼儿讨论）

教师小结： 舞台上有很多的树，有场景，小动物出场有音乐，有的会跳舞出场，舞台场地布置、道具、舞蹈、音乐设置可以让表演更精彩，这样才是有趣的儿童剧。

● 表演第三幕"狐狸医生拔牙"

邀请幼儿扮演老虎、马大夫和牛大夫，表演第三幕。

师：请大家一起说说演得好还是不好，有哪些地方可以改进？

引导幼儿表演出牙疼的老虎不再是凶猛的样子，马大夫和牛大夫看到老虎时害怕的样子。

师：最后谁来了？（狐狸）它说了什么？

幼：虎大王，虎大王，他们不敢给你看牙齿，我来给你看吧！

幼：哎呀呀，你的牙齿全得拔掉。

师：这时狐狸的心情怎么样？（诡计得逞很开心）大老虎的心情呢？（难受、很无奈）

师：你们拔过牙吗？想想看，狐狸是怎么拔牙的？大老虎会怎么反应（很疼，疼得叫出来）引导全体幼儿想一想、演一演。

● 分组表演

分组表演狐狸与老虎拔牙的片段。

将幼儿分成两组，每组成员自己挑选角色，分组完整表演第三幕"狐狸医生拔牙"。

活动反思

在观看了其他幼儿表演的《老虎拔牙》儿童剧后，幼儿深刻感受到了儿童剧中舞台场地布置、道具、舞蹈、音乐设置对塑造戏剧氛围的积极作用。之后再和其他幼儿一起进行表演，幼儿对儿童剧的了解进一步深入，在表演时加上道具、表情和肢体动作的辅助，让他们的表演更加生动、有趣。

在表演第三幕"狐狸医生拔牙"的时候，教师引导幼儿表演出牙疼的老虎不再是凶猛的样子，马大夫和牛大夫看到老虎时害怕的样子。幼儿表现得都特别好，看得出来幼儿都很喜欢《老虎拔牙》故事的表演。

在前三次活动的基础之上，幼儿对表演《老虎拔牙》故事非常熟练，能够根据教师的引导表演出很好的效果。在活动中，幼儿也了解了儿童剧的形式和内容，知道舞台场地布置，道具、舞蹈、音乐设置对塑造戏剧氛围的积极作用，能声情并茂地表演老虎拔牙第三幕"狐狸医生拔牙"。

活动实录图

活动四：故事《三只小猪》1

活动目标

- 乐于并大胆参与《三只小猪》的表演。
- 熟悉《三只小猪》的故事情节。
- 知道绘声剧场表演和观众要求。

活动准备

故事《三只小猪》、茅草、积木、纸砖。

活动重难点

重点：熟悉《三只小猪》的故事情节，乐于并大胆参与《三只小猪》的表演。

难点：乐于并大胆参与《三只小猪》的表演。

活动过程

- 游戏引入

教师带领幼儿进行口香糖游戏。

- 回顾绘声剧场表演和观众的约定

小演员（轮着表演的时候再上台表演）。小观众（在座位上安静观看，有问题表演结束后举手）。

- 讲述故事《三只小猪》，分析角色感受

教师边讲述故事边引导幼儿分析角色的感受（如当小猪盖好房子时，心情怎样；当小猪发现老狼来了，小猪又是怎样的心情）。

- 回顾主要角色和故事情节，情景表演

回顾山羊爷爷、海狸、小猪和小马四个角色的故事情节。教师邀请幼儿扮演山羊爷爷、海狸和小马进行表演。引导幼儿从生活中看到的售卖活动出发，引导幼儿思考怎样表演。教师根据幼儿的表演情况进行指导。

活动反思

　　在《三只小猪》的表演活动中，幼儿对故事的角色十分熟悉，最开始缺少了道具的准备，他们的表演有一些单调，他们不知道怎么展现故事中的情景，将道具加上后，幼儿的表演也更加自然了。

　　在表演过程中，我们也注重了对幼儿的指导和引导。我们鼓励幼儿发挥自己的想象力和创造力，尝试用自己的方式展现故事中的情节和角色特点。

　　对于小观众，我们也要求他们认真观看表演，尊重演员的表演成果。在观看过程中，我们鼓励幼儿积极思考和提问，与演员进行互动和交流，以此来增强他们的参与感和体验感。

　　通过这些改进措施，游戏活动变得更加丰富多彩，幼儿的参与度和兴趣也得到了极大的提升。

活动实录图

活动五：故事《三只小猪》2

活动目标

- 感知人物的不同特点，并用肢体、语气、表情表现。
- 理解故事内容，知道用砖盖房子比较结实的道理。
- 乐于并大胆参与《三只小猪》的表演。

活动准备

故事《三只小猪》、茅草、积木、纸砖。

活动重难点

重点：感知人物的不同特点，并用肢体、语气、表情表现。

难点：感知人物的不同特点，并用肢体、语气、表情大胆表现角色特点。

活动过程

- 回忆故事情节

师：小朋友们，上周我们听过一个关于小猪的故事，你们还记得名字吗？

幼：三只小猪盖房子。

师：我们一起来回忆一下故事情节吧，三只小猪分别在谁的手里买到盖房子的材料？

幼：牛爷爷、河马先生、狐狸先生。

师：猪老大、猪老二、猪小弟分别选了什么材料盖房子？

幼：茅草、木头、砖头。

师：你觉得哪种材料盖的房子更牢固？为什么？

- 继续讲述故事

教师继续讲述故事，并提问：大灰狼是怎样的？应该用怎样的语气和动作表现？

教师邀请幼儿模仿大灰狼的语气和动作。

● 尝试用肢体、语气、表情表现人物的不同特点

教师邀请幼儿选择角色进行表演，鼓励幼儿大胆通过不同语气、表情、肢体展现所扮演的角色人物的特点。教师根据幼儿的表演情况，及时鼓励与点评。

活动反思

本次活动中幼儿能通过肢体动作、语音语调的变化还有表情变化生动地表演故事，在活动中教师根据情节添加了茅草、砖头、木头等道具，幼儿便更能融入故事情节中来。本次活动存在的不足是：在表演的过程中幼儿对于动物的语句不是很熟悉，所以有时会断断续续的，表演不是很连贯。下次活动我们要加强这方面的训练。

活动实录图

活动六：故事《小猪奴尼》1

活动目标

● 通过了解故事的主要情节，模仿故事中不同角色与小猪的对话。

● 能够分析故事《小猪奴尼》中的角色特点。

● 能大胆尝试表现人物性格。

活动准备

绘本故事、小猪、小猫、小牛衣服。

活动重难点

通过了解故事的主要情节，模仿故事中不同角色与小猪的对话。

活动过程

● 绘本故事讲述

教师分段讲述故事《小猪奴尼》并提问。

师：故事中出现了哪些角色，主要的角色是谁？

（小猪奴尼、妈妈、羊姐姐、猫妈妈、牛婶婶）

师：故事发生的地点是哪里？

师：发生了什么事？它的心情是怎样的？（幼儿讨论）

● 教师完整讲述故事

师：故事中的小猪奴尼是一只怎样的小猪？

师：你喜欢故事中的哪一段？说说你喜欢它的原因。

● 邀请幼儿尝试表演，并点评

两个小朋友为一组，给予他们时间表演片段。

教师鼓励幼儿大胆上台表演片段，根据表演情况进行点评。

活动反思

　　幼儿熟悉故事情节后，教师选出小段故事邀请幼儿尝试进行表演，在活动中给予幼儿充足的空间，让幼儿自己协商角色进行表演。不过，虽然在活动中给予幼儿比较多的自由，但是幼儿对于表演还是不怎么能放得开，需要教师在旁边引导和指导，情况才有所改善。

　　通过这次活动，幼儿不仅锻炼了自己的表演能力，还提高了自己的自信心和合作意识。他们学会了如何在团队中发挥自己的优势，如何与他人协作完成任务，这些都是他们成长过程中非常重要的经验和能力。

　　在未来的教育活动中，教师将继续注重培养幼儿的表演能力和合作精神，让他们在更加广阔的舞台上展现自己的才华和魅力。同时，教师也会不断反思和改进自己的教学方法，为幼儿提供更加优质的教育服务。

活动实录图

活动七：故事《小猪奴尼》2

活动目标

- 熟悉故事情景的角色特点和故事情节。
- 大胆参与并完整表演故事《小猪奴尼》中的场景。
- 能够根据同伴的表演情况给予点评。

活动准备

动物头饰若干、衣服、故事《小猪奴尼》。

活动重难点

重点：熟悉故事情景的角色特点和故事情节，并尝试完整表演故事。

难点：大胆完成表演故事，能够根据同伴表演情况给予点评。

活动过程

- 完整回顾故事

教师邀请幼儿讲述故事，一起完整回忆故事。

- 体验故事情节中角色的心情及感受

师：刚刚我们先回忆了整个故事，如果你是猪妈妈，你会怎样让不爱洗澡的奴尼洗澡呢？

- 表演《小猪奴尼》、分组表演

教师邀请幼儿上台表演，并给予指导。

师：奴尼在泥坑里会怎样玩呢？奴尼回到家后发现妈妈不认识它了，它的心情怎样？

师：小猪奴尼看见羊妈妈织的新毛衣，它可能会怎样想？（可能也想要一件，或者想要摸一摸）

师：羊妈妈对于小猪奴尼的请求可能会怎么做？小猪奴尼看见猫妈妈和猫

宝宝在玩球，它可能会怎么做？

师：被拒绝后的奴尼会怎样？牛婶婶会怎样给奴尼洗澡呢？

教师邀请幼儿上台表演给小猪奴尼洗澡。教师在幼儿的表演过程中重点观察幼儿表演时是否展现了角色的特征、神态和情绪。

小组轮流当观众。邀请没有表演的幼儿当观众，说出自己认为表演精彩的并说出理由。

教师根据幼儿表演和观众点评情况进行小结。

教师小结：会用肥皂、刷子、毛巾工具，还会洗很多次。

教师分组邀请幼儿表演《小猪奴尼》。小组轮流当观众，最后小结。

活动反思

第一次活动讲述了故事，同时邀请幼儿尝试表演。在第二次表演中，发现部分幼儿没有参与第一次活动，所以对故事的内容不是很熟悉。所以本次活动教师对故事又进行了更加细致的讲述，在讲述过程中，还与幼儿分析了角色的心情以及角色特征。

活动实录图

活动八：故事《丑小鸭》1

活动目标

- 能够安静听故事。
- 熟悉故事情节，理解故事中"嫌弃""孤独""羡慕"等词语。
- 了解天鹅的外形特征，尝试用动作表演天鹅角色。

活动准备

《丑小鸭》故事绘本。

活动重难点

难点：理解故事中"嫌弃""孤独""羡慕"几个词语。

重点：尝试用肢体动作、表情表演丑小鸭被嫌弃时的情景。

活动过程

- 故事引入

师：小朋友们，今天我带来了一个关于丑小鸭的故事，故事中的小鸭子发生了什么事情呢？一起去看看吧。

- 完整讲述故事

教师完整讲述《丑小鸭》的故事。同时带领幼儿回顾故事情节。

教师小结：丑小鸭一出生因为长得不漂亮，被很多小动物欺负，后来它离家出走，在雪地中晕倒了，农夫救了它。春天到了，丑小鸭长成了一只美丽的天鹅。

- 理解感情

师：故事中丑小鸭为什么被其他小动物嫌弃？丑小鸭为什么会觉得孤独？什么时候你会觉得孤独？

幼：一个人；没有同伴玩；没有家人陪伴的时候。

师：丑小鸭为什么羡慕天鹅？如果同伴拥有你喜欢的玩具，而你没有，你会怎么想？

　　幼：心里也会想要跟同伴一样拥有玩具。

　　● 片段表演

　　师：如果你是丑小鸭，你的姐妹不喜欢你，森林里的动物们也欺负你，你会怎样？

　　师：你对天鹅的印象是什么？

　　师：有长长的翅膀，很温柔、漂亮……

　　教师邀请幼儿尝试用动作表演天鹅。

活动反思

　　幼儿十分熟悉《丑小鸭》的故事，但是故事中有一些词语比较抽象不容易理解，通过与幼儿的生活经验相结合，幼儿理解起来会比较容易。我们还针对丑小鸭角色进行了细致的分析，并鼓励幼儿将丑小鸭的心情通过肢体动作、表情表演出来，幼儿会更容易理解这些词语的意思。

活动实录图

活动九：故事《丑小鸭》2

活动目标

● 通过观看《丑小鸭》儿童剧，了解儿童剧的演出形式。

● 知道场地布置、服装、舞蹈的作用，观察故事人物语言、表情起到的作用。乐于并大胆完整表演《丑小鸭》儿童剧。

活动准备

《丑小鸭》儿童剧视频、麦克风。

活动重难点

重点： 观察故事人物语言、表情起到的作用。

难点： 乐于并大胆完整表演《丑小鸭》中的场景。

活动过程

● 共同回忆《丑小鸭》故事情节

教师和幼儿一起回顾上次讲的《丑小鸭》故事情节。

● 播放儿童剧，引导幼儿讨论发现不同之处

教师播放儿童剧《丑小鸭》，引导幼儿发现场地布置、服装、舞蹈、音乐的作用。

师：舞台上有哪些装饰，这些装饰有什么作用呢？

教师小结：有了这些装饰，我们才能更好地看出来表演的场景和地点，也是因为有了这些装饰才能更好地烘托舞台氛围。

师：你看到了哪些角色？是从哪里看出来的？（幼儿讨论）

教师小结：因为每个角色都穿着相应的服装，台下的观众一看就知道他表演的是哪个角色了。

师：丑小鸭是怎么表现寒冷的？它的表情是怎么样的，它的动作呢？

教师小结：服装、舞台布置起到了烘托氛围的作用，但表情和动作也很重要，我们在表演的时候要大胆一点。

● 邀请幼儿大胆参与《丑小鸭》表演

教师邀请幼儿选择角色表演，鼓励幼儿通过不同语气、表情、肢体展现所扮演的角色人物的特点。教师根据幼儿的表演情况，及时鼓励与点评。

活动反思

在上学期绘声剧场开展活动时，我们已经带领幼儿观看过儿童剧视频，幼儿有了初步的认识。在观看视频的过程中，我们要引导幼儿仔细观察人物的表情和肢体动作，并学习模仿，观看之后，通过讨论发现儿童剧的表演也是可以创新的。在儿童剧表演的过程中，幼儿并非总是要按照故事中的情节和人物进行表演，教师可以在表演中增加角色，和幼儿一起改编故事，让他们对儿童剧产生新的认识。

活动实录图

活动十：故事《谁偷吃了我的大饼》

活动目标

● 理解故事内容，熟悉故事情节。

● 尝试用完整的语句表述："是你咬了我的大饼吗？""不是我，啊呜～你看——""嗯，果然不一样。"

● 体验戏剧表演以及想象带来的快乐。

活动重难点

尝试用完整的语句表述："是你咬了我的大饼吗？""不是我，啊呜～你看——""嗯，果然不一样。"

活动准备

故事《谁偷吃了我的大饼》、动物服饰、大饼。

活动过程

● 讲述故事，分析特点

幼儿听了故事后，邀请幼儿讲述听到了什么。（重点从以下几个方面回答：故事中出现了哪些角色？主要的角色是谁？地点是哪里？发生了什么事？它的心情是怎样的？）

教师完整讲述故事，师幼一起验证是否和猜想的一样。

● 大胆猜想

师：如果你是小猪，睡了一觉起来发现自己辛辛苦苦做的大饼被人吃掉一口，你会怎么样？

幼儿说出自己的想法，并通过肢体、表情和语言表现小猪的心情。（生气）

师：那如果你是其他动物，被小猪问到是不是吃了它的大饼，又是怎样的心情呢？

鼓励幼儿展现其他动物的心境。（奇怪、委屈）

● 分角色表演

分组进行对话，一组幼儿扮演小猪，一组幼儿扮演小鸟，教师鼓励并给予幼儿时间进行表演片段练习，鼓励幼儿大胆上台表演。

活动反思

通过此次活动幼儿能掌握故事内容，并能大胆想象与猜测，在角色表演中掌握句型"某某，是你咬了我的大饼吗？"幼儿能通过对比猜测动物的牙印。本次活动的课程容量有些大，在熟悉了故事后，教师要鼓励幼儿在讲述故事的过程中大胆猜测角色的内心想法，帮助幼儿一起梳理儿童剧台词。熟悉了故事情节后，就分组进行表演，但是幼儿对儿童剧表演不是很熟悉，所以在过程中教师的指导很多，导致后面完整表演创编的儿童剧的结尾部分比较匆忙，而且对于活动后半部分缺少了总结，在下一次活动中需要改进。

活动实录图

（本课指导老师：王月、任文雯）